中国共产党延安时期史话

丛书主编　陈答才

延安时期
马克思主义经典理论文献
编译史话

第一册

张　兵　主编

陕西新华出版　陕西人民出版社

图书在版编目（CIP）数据

延安时期马克思主义经典理论文献编译史话 / 张兵主编 .-- 西安：陕西人民出版社，2024. 12
（中国共产党延安时期史话 / 陈答才主编）
ISBN 978-7-224-14588-5

Ⅰ. ①延… Ⅱ. ①张… Ⅲ. ①马克思主义理论 - 文献 - 编译 - 历史 - 中国 -1935-1948 Ⅳ. ① A81

中国版本图书馆 CIP 数据核字(2022)第210748号

出 品 人： 赵小峰
总 策 划： 关　宁
出版统筹： 韩　琳
策划编辑： 王　倩
王　凌
责任编辑： 张　婧
装帧设计： 白明娟

延安时期马克思主义经典理论文献编译史话
YAN' AN SHIQI MAKESIZHUYI JINGDIAN LILUN WENXIAN BIANYI SHIHUA

主　　编 张　兵
出版发行 陕西人民出版社
（西安市北大街 147 号　邮编：710003）
印　　刷 中煤地西安地图制印有限公司
开　　本 850 mm × 1168 mm　1/32
印　　张 5
字　　数 135 千字
版　　次 2024 年 12 月第 1 版
印　　次 2024 年 12 月第 1 次印刷
书　　号 ISBN 978-7-224-14588-5
定　　价 39.80 元

如有印装质量问题，请与本社联系调换。电话：029-87205094

序言

任晓伟

现在，呈现在读者朋友们眼前的是由党史专家陈答才教授主编的一套关于延安时期中国共产党历史和理论的通俗性丛书。我参加了关于这套丛书内容的一些设计和讨论，因此非常希望在这套丛书付梓之际，和读者朋友们交流一下这套书的缘起和编写初衷。

延安时期是中国共产党百余年筚路蓝缕奋斗史上一个重大的关键阶段和关键时期。越是往前走，回头看这个时期，就越感觉这 13 年历史的厚重。作为中国共产党由小到大、由弱到强、由区域性执政向全国范围内执政的转折期，中国共产党延安时期创造性地正式形成了一个伟大的思想，即马克思列宁主义基本原理与中国革命具体实际相结合的产物——毛泽东思想；越来越自信地走出了一条全新的革命道路，即新民主主义革命道路；在弘扬伟大建党精神过程中，培育出了一个全新的精神形态，即延安精神；描绘出了一个伟大的梦想，即通过新民主主义向社会主义过渡，建设一个光明的中国并努力推动形成一个光明的世界。这四个方面的伟大成就，在客观上决定了延安时期不仅属于历史，也属于现实和未来，在中国共产党领导人民进行的中国革命史上具有恒久的意义。习近平总书记在庆祝中国共产党成立 100 周年大会上的重要讲话中指出："一百年来，中国共产党团结带领中国人民进行的一切奋斗、一切牺牲、一切创造，归结起来就是一个主题：实现中华民族伟大复兴。"放置在民族复兴的百年进程的整体背景中来看，延安时期也是一个熠熠生辉的阶段，是中国共产党领导人民重新确立民族自信和人类情怀，在推动民族复兴中取得重大历史成就并奠定了后来接续奋斗的重要历史基础。

自 1948 年 3 月中共中央离开陕北，至今已经 70 多年的时间了。在此后的发展中，不管是在什么样的发展阶段，处于什么样的发展时期，面对什么样的发展任务，说不完道不尽的延安时期是始终萦绕在中国共产党人头脑中的深刻历史记忆和强大精神感召。对于党史研究工作者来说，延安时期始终是一座学术富矿，对于陕西的党史研究工作者来说更是这样的。基于对延安时期重要意义的认识，长期以来我们利用学科、学术和区位优势，努力不断推动对延安时期党的历史和理论的学理性阐述和理论宣传，与时俱进地推动对延安时期的研究。

我们选择了六个角度——马克思主义理论文献、马克思主义中国化、党的建设、统一战线、重要会议、爱国主义，作为研究对象展开研究。应该说，这六个方面是贯穿于延安时期党的历史中的基本方面，长期以来构成了人们研究的重要对象。今天，在习近平总书记关于党史重要论述指导下，以通俗的方式对这些基本方面进行系统整理和学术呈现，对于整体上推动延安时期的研究也是一次有益的尝试。

这套丛书除了它的学术价值外，还有教学价值和宣传价值。这些年来，我们不断地推动将延安时期中国共产党的历史融入教学，特别是融入高校思想政治课教学的探索。一方面，在“四史”教学和党史教育中，不断加强对延安时期党史教学的重视，另一方面，在推动建设高校思想政治课选修课程中设置“党中央在延安十三年史”等新课程。在这个过程中，我们逐渐萌生了一个想法，就是如何能够编写出一套既有学理性又比较通俗的系列著作，这既是对教学效果的巩固，又奠定了进一步提高教学质量的基础，同时也能探索出一条集教学、学术和宣传一体化的关于延安时期党的历史和理论研究的新道路来。最早提出这一想法的是本丛书的负责人陈答才教授。这两年来，他不断地给我说明这一想法，希望我能够组织学院的力量完成这一看似简单却并不容易的事情，而且他多次主动请缨，愿意负责这套丛书的整体设计和后期修改完善的工作，体现出一个前辈所秉持的学术集体主义和团队精神以及通过学术传承来扶掖后学的深厚情怀。

哲学上说，只有认识了事物，才能真正地理解事物。确实是这样的。在陈答才教授的一再推动下，我也开始认识到这一工作的重要性，尤其是在负责学校党史教学开展过程中越来越感觉到这一工作的重要性。在大家达成共识的基础上，我们开始组织起来开展研究。经过一年多的努力，终于形成了目前的这套丛书。在这个过程中，我们对如何聚焦主题研究开展团队合作也有了新的更深刻的认识，对在新的理论条件下如何阐释延安时期党的光辉历史、理论创新和延安精神，也有了更多更深入的把握。在这个意义上，这套丛书也是对如何讲好“延安故事”的一次新探索，相信这一探索对于后续的相关研究和教学会产生重要的影响。

2024 年 10 月

目录

引言

一个超越了自身直接处境的“远见”

一道道的那个山来哟

一道道水

咱们中央红军到陕北

歌曲《山丹丹花开红艳艳》唱述的正是延安时期的开启。1935 年 10 月 19 日，红军陕甘支队到达陕北吴起镇，完成了“人类军事史上伟大奇迹”。这是从历史视角来审视的，是事后评价。事实上，当时的红军状况是很艰难的。

1934 年 10 月，中央红一方面军长征出发时 8.6 万余人，由原红一方面军下辖的第一、第三军团组成的陕甘支队到达吴起镇时只有 7000 余人。毛泽东在 1962 年对长征后红军总人数有一个大略的说明：“经过长征，这三十万人缩小到两万多人，到陕北以后，补充了一点，还是不到三万人。”红军落脚陕北之后，仍然面临着国民党军的“围剿”。同时，陕北地貌以丘陵沟壑为主，不是粮食主产区，军队的粮食补给就是一个巨大的困难。“小米加步枪”中的小米实际上成为一种稀缺物品，艰难“存活”是中国共产党领导的红军面临的严峻境况。

1937 年中共中央进驻延安

在存活这一直接目标的压迫下，是要一碗粥还是坚守一个理论？面对这一难题，小农往往不假思索地选择前者，他们遵循的是一种朴素的生存逻辑：先活着，然后才能考虑其他。但这也就意味着，人将始终受一种“活着”逻辑的支配，所达到的最好结果也只是“活着”，谈不上发展壮大。中国共产党的难能可贵之处就在于，它在最恶劣的处境之下，超越了这种单纯的存活逻辑，始终没有因挣扎求生而与它的理想追求与革命情怀拉开距离。它的目光不仅仅聚焦在眼下，而是穿透困苦，指向了新长征的未来。中国共产党敏锐地意识到，为生死存亡而抗争的革命活动始终与一种革命的理论相关，也只有如此，革命活动才能真正成为一种变革人的生命生活、变革中华民族命运的活动。

1945 年 4 月，毛泽东在中共七大所作的报告中引用了列宁的话，“没有革命的理论，就没有革命的运动”，以此强调理论学习的重要性。正是在这个意义上，延安时期中国共产党加强了对马克思主义理论经典文献的编译工作，这确实是一个“远见”；正是因为有了这样的远见，中国共产党所领导的力量才没有成为一个地方性的力量，才能够以理论的先进性吸引并团结方方面面的力量，最终成为改变整个中华民族的伟大力量。在给时任中宣部副部长凯丰（何克全）的一封信中，毛泽东很精准地表达了马列文献编译工作对我党的深远意义：为全党着想，与其做地方工作，不如做翻译工作，“学个唐三藏及鲁迅，实是功德无量的。”

第一章　马克思主义理论文献编译的历史环境与理论谋划

一、演员刘劲的“苦恼”

刘劲，作为一名演员，是周恩来的扮演者。由于拍摄的需要，从20世纪90年代到2006年，他几乎每年都会到延安实景拍摄。2018年，为了再现1973年周恩来回延安时的场景，刘劲再次来到延安，但是这次他却怎么也高兴不起来。这种苦恼情绪绝不是剧本表演的需要，而是——他找不到十年之前延安的形貌了。

十年之前，延安所处的黄土高原尚是一片几乎寸草不生的土地。刘劲这样来描述他的所见：“开了半天的车，只能偶尔看见塬上一棵孤零零的树。”由于生态保护以及全球气候变化，如今的陕北已经是绿树青草覆盖，“绿中少黄”，与十年之前刘劲拍摄时“黄中少绿”的景象截然相反，也与1973年周恩来回延安时陕北的地貌极不相符。

而在周恩来初来陕北的1935年，这片土地更符合过去人们对西北地区的固有印象：干旱少雨、植被稀少、风沙漫天。正是由于植被稀少，水土流失严重，才形成了西北黄土高原上独具特色的沟壑地貌，由于雨水冲刷、沟壑分割而凸显出来的台状高地，就被西北人称为“塬”，条状高地则被当地人称为“墚”，顶部相对浑圆的地形则被称为“峁”。

二、延安的沟壑空间

从西安城向北驱车约350公里可抵达延安。与西安所处的开阔的关中平原相比，延安所处的地理空间相对逼仄狭窄，甚至可以说，延安是被“埋藏”在沟壑之间的，是一个山沟里的“小城”。“一道道的那个山来哟一道道水”的歌词可不单是咏叹的需要，那是山沟沟的真实写照。

1937 年的延安

中共中央于 1937 年进驻延安，延安城的格局是“三山夹两河”，“两河”分别是指延河和南川河，以其交汇处为中心分别向西北、东北、正南三个方向延伸，从其交汇处延伸出的河沟两岸的区域基本上构成了 1937 年延安的建筑区域。因而，从地图上看，延安城区呈一个分叉的“Y”字形，“Y”字分割开来的三个区域分别有“三山”坐落其中，上侧的是“清凉山”，左侧为“凤凰山”，右侧则是“宝塔山”。

“三山两河”中，延河和宝塔山是最为人所熟知的。

夕阳辉耀着山头的塔影，月色映照着河边的流萤。

这两句优美淡雅的歌词 1938 年出自莫耶之手，当时的莫耶是延安鲁迅文学艺术学院文学系的学员。莫耶原名陈淑媛，出生于泉州安溪崇善里东溪乡（今金谷镇溪榜村），1937 年随“上海救亡演剧第五队”奔赴延安。她先是进入延安抗日军政大学，1938 年进入延安鲁迅艺术学院学习，有感于延安当时生气勃勃的氛围，不由自主地写下了《歌唱延安》歌词，歌词后来经过修改更名为《延安颂》，并经郑律成谱曲而广为传颂。“夕阳辉耀着山头的塔影，月色映照着河边的流萤”，这两句在乐曲的烘托下确实散发着宁静而不可低估的力量。但作为宣传语，《歌唱延安》中的另外两句话更具有冲击力：

巍巍宝塔山，滚滚延河水。

今天到延安旅游的客人，总会在不同的地点和不同的导游那里听到这两句气势磅礴的话。这两句话也经常被放到曲调铿锵的歌曲中，比如《红日照延安》：

滚滚延河水，巍巍宝塔山，歌声遍地起，红日照延安。……
滚滚延河水，巍巍宝塔山，枣园油灯亮，光芒照山川。……

看到这些文字，听到那些歌声，你会感到，延河、宝塔山、枣园的油灯，这些东西不只是属于延安，而是属于全中国，是一个个极具象征意义的标志。可是，如果仅凭眼前所见，很多人将会大失所望。来到枣园的游人，看到山坡上简陋的窑洞，窑洞中斑驳桌椅上所置的干枯的油灯，显得格外寒酸，会感到一种巨大的偏差，它的物理尺寸与过去文字激起的想象落差很大。同样的情形也体现在延河与宝塔山上，观过钱塘江潮的人很难体会到延河的“滚滚”流韵，感受过同处陕西境内大秦岭巍峨雄壮的游者也很难把宝塔山与巍巍连在一起，宝塔山只是陕北高原众多墚峁中的一个小山“峁”。若单就外形而论，九层总高 44 米的宝塔，也很难与泾阳崇文塔相比，崇文塔为中国现存最高古塔，共 13 层，总高度 87.128 米。

由于延河两岸现代高层建筑的增多，宝塔更难突显，但相对于 1935 年延河两岸的稀疏居落与低矮建筑而言，宝塔确有一种巍巍屹立之姿。

杨家岭中共中央办公厅旧址

三、可见沟壑中的“不可见世界”

如果单从物理空间而言，延安是一个促逼狭窄的旮旯，难道它的雄浑气魄只是后来的艺术塑造？仅仅来自想象？

不是这样的！

这只是到延安一瞥的人的感受，是一种旁观者的看法，一个从外部打量的视角，也是马克思多次抱怨费尔巴哈的直观式的观点。诚如马克思所说，直观的方式忽视了从感性的活动去理解“对象”的根本必要性。延安的壮美宏大，不应从其外形上去理解，而应从生活在那片土地上的人的现实活动去理解。中国共产党人在延安的活动方式，撑开了延安沟壑庇护下巨大空间，一个目光所不能及的“不可见的世界”。

1937 年的延安，是中国共产党人的延安。共产党人在延安的工作，不仅仅是地方性的工作，不仅仅是延安的革命工作，而且是全国性的革命运动，是全中国人乃至世界无产阶级的解放运动，因而延安具有联动全国、辐射全球革命的意义。1937 年延安的“巨大”，不是物理空间而是革命空间上的巨大。它吸引着无数青年志士奔赴延安，“到延安去！”成了激荡在当时革命青年心中的黄钟大吕。据统计，仅在 1938 年 5 月至 8 月到达延安的知识青年就达 2288 人之众。

延安是当时青年心目中的革命的中心，这不单单是由处于延安的有限的革命人数与革命行动所决定的，而是必须通过它所内蕴的延安精神来理解。而这一革命精神，又是由革命的理论凝练升华而成的，毛泽东在引用列宁“没有革命的理论，就没有革命的运动”一语后，语重心长地说：

我们党内要学习理论，从前我在六中全会上讲过，我们党的理论水平是很低的，现在比较过去是高了一些，但是还不够。现在我们党当然有些进步，但从中国革命运动的要求来说，我们的理论水平还不够。……什么是理论？就是有系统的知识。马列主义的理论，就是以马克思主义为基础的有系统的知识。

中国共产党在延安的地方性的工作中，始终包含着内在理论的普遍性和整体性，从而使延安的革命行动不再是地方性的，而是普遍性的。在马克思主义理论发展史上，这也是在相对稳定的条件下将马克思主义的普遍真理与中国革命具体实际相结合的生动实践。

延安的革命活动，除了与列宁、斯大林有关外，还与两个长着大胡子的欧洲人有关系。他们的理论，使延安的革命行动不再是地域性的而是社会性的。延安的重重沟壑，不再是一种限制和封闭，而是一种隐藏和折叠，包在褶子里的，不单单是那些人、那些物、那些事，还有那“放之四海而皆准的真理”。在延安褊狭的物理空间中，隐藏的是一个更加广阔的、不可见的“理论空间”。

四、“万众瞩目清凉山”

延安雄浑壮阔的“不可见空间”，并不仅仅是由诗文骈句

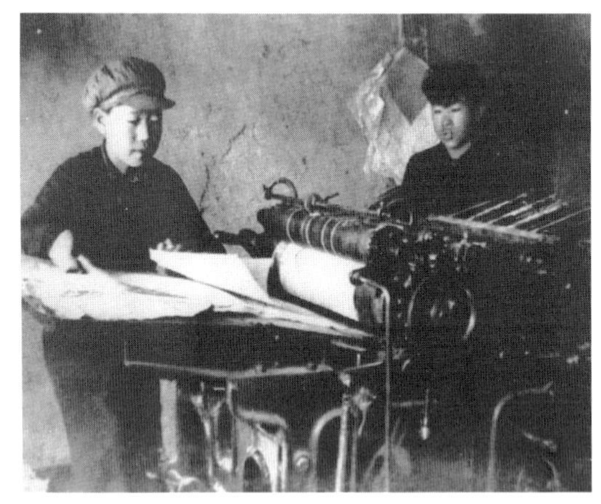

1

2

1_
中央印刷厂工人正在印刷《解放日报》
2_
中央印刷厂工人在清凉山万佛洞印《解放日报》

所激发的，不单是想象力的产物，而是可以被“直接”看到的。1945 年 4 月 23 日，陈毅在其诗作《七大开幕》中写道：

百年积弱叹华夏，八载干戈仗延安。
试问九州谁做主，万众瞩目清凉山。

“万众瞩目清凉山”，不是说有成千上万只眼睛盯着清凉山看，这首诗的背景不是清凉山下，也不是延安，而是“华夏”“九州”。清凉山能被整个中国看到，这不只是诗意的抒发，而是历史事实。1937 年的清凉山，是中央印刷厂的所在地。为了防止日军的空中轰炸，印刷厂的厂址就选在了清凉山万佛洞的洞窟之中。当时，马列著作以及革命的报、刊、小册子基本上是从这里印刷，然后分散传发到全国各地的。1938 年创作完成的《中央印刷厂厂歌》这样写道："努力呀，弟兄们！加速转运我们的机轮，让马克思列宁斯大林的声音，借着我们的印刷品，传播到四方。"反过来说，借着这些印刷品，全中国看到了延安，"看"到了中国共产党所在的延安。就这样，与宝塔山一样，万众瞩目的清凉山，其物理外形演化为一个象征。1939 年曾任中共中央出版发行部秘书长的苏生，后来曾写诗描绘当时出版发行的盛况：

雾锁千嶂夜未央，众星拱月斗寒霜。
万佛洞内机喷瀑，宝塔山前骡列行。
出版唯嫌时日短，发行偏喜路途长。
由知巨手指航向，决胜非徒在战场。

"决胜非徒在战场"，点明了马克思列宁主义理论在革命战争中不可或缺的重要作用。所以，延安时期特别重视马列经典著作的编译，这是对此前中国革命经验教训的总结。

五四运动以来，马克思主义开始在中国广泛传播，主要是受俄国十月革命的影响，再加上中国革命的需要，中国革命者出于政治实践的需要确定了马克思主义的理论指导地位。但当时的革命者们主要从事实际的革命活动，尚未以专门的力量从事理论研究与斗争经验的总结。直到延安时期，相对稳定的环境和一定的人力支持，才使系统化、机构化的理论研究得以实现。

1945 年中共中央在延安整风运动时明确指出："没有大量的真正精通马克思列宁主义革命理论的干部，要完成无产阶级革命是不可能的。"1937 年毛泽东撰写《实践论》，固然是重点批评教条主义，但同时也严厉批评了轻蔑理论的经验主义。即使是披着马克思主义外衣的教条主义，要解决错误思想仍需要更深入地进行理论学习，因为教条主义的问题不在于太重视理论，反

延安马列学院远景

而是在于并没有真正掌握理论。

五、“小地方”中的“大动作”

中国共产党历来重视理论学习，因而也重视马列经典文献的编译，因为马列经典文献构成了我党理论学习的重要内容和基本材料。但是直到我党扎根延安之后，党的理论学习得以大规模开展。延安时期，党在延安建立的干部学校就有：中国人民抗日军政大学（简称抗大）、马列学院、鲁迅艺术学院、中央党校、陕北公学、军事学院、中国女子大学、行政学院、自然科学院等。其中，马列学院下辖的编译部是中共中央在延安设立的我党第一个编译马列经典著作的专门机构。

马列学院成立于1938年5月5日，系马克思120周年诞辰纪念日。学院地址位于今延安市宝塔区河庄坪镇蓝家坪村，在延安“三山夹两河”地形的左支梢，现仅存土窑洞数10孔。今天到这个地方参观的游人，如何能够想到，当年这些略显寒酸的河沟里的土窑洞，汇聚的却是世界风云，显出的却是世界气象，是一个“小地方”中的“大动作”。

马列学院是其中的最高学府，院长由当时的中共中央负责人之一的张闻天兼任，张闻天同时兼任马列学院编译部主任。1941年7月，马列学院改组为马列研究院，同年8月又改为中央研究院，院长仍由张闻天担任。

刘少奇《论共产党员的修养》最早就是给马列学院学员的演讲稿，1939年7月8日和12日，同年8月20日至9月20日《解放》周刊分三次将《论共产党员的修养》发表出来，同年11月7日，延安新华书店发行单行本。毛泽东则给马列学院的学员们讲过《新民主主义论》等。马列学院除了编译马列著作之外，另外的任务是负责培训干部。这样算起来，毛泽东在延安干部会上所作的《改造我们的学习》报告，也可以看作是马列学院的活动。报告作于1941年5月19日，在这个报告中，毛泽东明确指出：“马克思列宁主义的普遍真理一经和中国革命的具体实践相结合，就使中国革命的面目为之一新。”新文化、新三民主义、新民主主义等诸论都可以看作是这“为之一新”的部分，正如毛泽东在《新民主主义论》中所说，问题的要害是“中国向何处去？”而最终的指向是“我们要建立一个新中国”，奋斗过程的实质是“中国革命是世界革命的一部分”。

延安马列学院的设立标志着中国共产党从一个全力从事斗争的实践党转变成为一个有理论深度的实践党，一个能够引领革命的政党。

六、“组织起来”

1927年3月，毛泽东在湖南实地考察之后，撰写了《湖南农民运动考察报告》，指出农民运动问题是一个中国革命不容忽视的问题，其中，搞好农民运动的基本法宝是“组织起来”，以农会组织的形式将农民组织起来。1942年11月29日毛泽东在名为《组织起来》的讲话中强调，“把群众组织起来，这是一种

《解放》周刊创刊号
封面

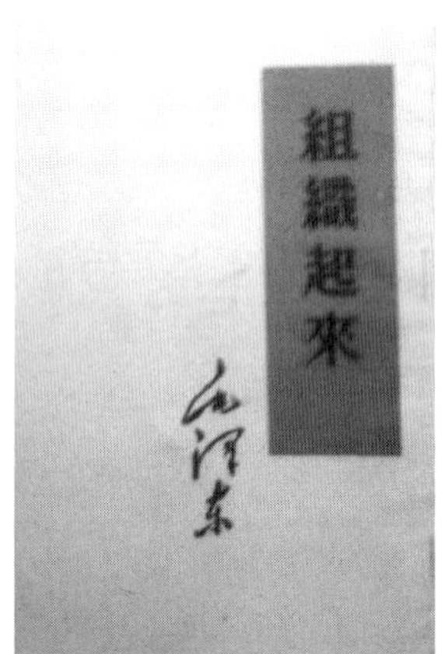

《组织起来》
封面

陈望道译《共产党宣言》
封面

《共产党宣言》
封面

方针”，这一方针的主要特点是：

> 就是把群众组织起来，把一切老百姓的力量、一切部队机关学校的力量、一切男女老少的全劳动力半劳动力，只要是可能的，就要毫无例外地动员起来，组织起来，成为一支劳动大军。我们有打仗的军队，又有劳动的军队。……那么，我们就可以克服困难，把日本帝国主义打垮。

“组织起来”发挥整体作战的力量，通过有计划、有步骤、通盘联动的运作能够发挥出远超个体的力量。延安马列学院就是我党第一个有组织、有计划从事马列著作编译的机构，其把高级知识分子组织起来，集中进行翻译工作。

与此前革命知识分子和进步知识分子单兵作战进行翻译相比，延安时期翻译工作本身就是一个公共行动。以《共产党宣言》的翻译为例，这本书的第一个中文全本译者是陈望道。1919 年底从日本留学回国后，他受到上海《星期评论》编辑部的邀请，于是辞去浙江第一师范的教职，回到浙江义乌县城西分水塘村的老家，依据日文本和英文本，在年久失修的柴房里完成了《共产党宣言》一书的翻译工作。译本完稿后，由于原本打算连载《共产党宣言》的《星期评论》因故停刊，译文出版遇到困难，幸好当时在上海的共产国际特使维金斯基为他提供了资金援助，该书才于 1920 年 8 月在上海的一个小印刷所里问世。

由于条件艰苦，形势紧张，该版《共产党宣言》错漏很多，最明显的是封面上书名《共产党宣言》被误印成了《共党产宣言》，在随后 9 月份重印时被纠正过来。相比《共产党宣言》第一个中文全译本翻译、印刷、发行的情况，延安时期《共产党宣言》第三个中文全译本的翻译出版过程则要稳定快速得多。这个译本是成仿吾与徐冰合作完成的，是第一个依据德文本翻译的中文版。成仿吾当时在陕北公学任校长一职，徐冰为《解放日报》编辑，1938 年 8 月该译本曾经作为“马克思恩格斯丛书”的第 4

集出版，1947 年 11 月，这个译本还以中国出版社的名义在香港出版。成仿吾后来回忆道，当时翻译的条件很差，“连像样的德文字典都没有找到”，这对我来说是一个更高的翻译要求。成仿吾于 1929 年在柏林曾依据德文本翻译过《共产党宣言》，虽然译稿丢失，但翻译的经验还是有的。单从外部条件来看，成仿吾、徐冰比陈望道的情境要强得多。据延安时期马列学院副院长王学文后来回忆，当时编译部人员的“生活待遇较一般人要高些”。据最早调入马列学院，后来任中央编译局顾问的何锡麟回忆，“编译部搞翻译工作的（中国通史组不计在内），最多也就十个人。中央重视，生活待遇上条件较好，一个人有一个窑洞”。

与陈望道的开启之功相比，成、徐的翻译可以说是靠组织之力推动的。这一组织之力，不仅体现在成、徐对《共产党宣言》的再译上，也体现在一系列马列经典著作的集中翻译上。这其中不仅包括对旧译本的再修订，也以丛书和专题文集的形式编译新作品。与之前相比，延安时期加强了对列宁、斯大林著作的翻译，据有关资料统计，当时翻译列宁译著 57 种，斯大林译著达 80 种。

1943 年 5 月，中共中央还尝试成立一个关于马列著作翻译的校阅委员会，以此提高马列主义经典著作的译文质量：

> 翻译工作尤其是马列主义古典著作的翻译工作，是党的重要任务之一。延安过去一般翻译工作的质量，极端不能令人满意。为提高高级干部理论学习，许多马恩列斯的著作必须重新校阅。为此特指定凯丰、博古（秦邦宪）、洛甫（张闻天）、杨尚昆、师哲、许之桢、赵毅敏等同志组织一翻译校阅委员会，由凯丰同志负责组织这一工作的进行。

除了成立相应的编译机构，延安时期还建立了相应的中央出版管理机构、印刷机构、出版发行机构等。延安时期，可以说是马克思主义经典著作编译的系统化时期，同时在文献传播范围方面也较以往更为广泛。

七、山沟沟里的“高材生”

延安时期之所以能够开展大规模的马列经典文献的编译工作，除了将知识分子组织起来之外，首先在于当时的延安吸引了大批外来知识分子，包括一些国外留学归来的知识分子，他们构成了马列学院编译人员的主力。上文提到的成仿吾，在 1927 年大革命失败后，为了深入地学习马克思主义理论，先是到达莫斯科，后入法、德研究学习，精通德、英、日、法、俄五种语言。成仿吾能够成为将《共产党宣言》从德文翻译成中文的第一人，不是偶然。

王学文，马列学院副院长兼教务主任，在马列学院主讲政治经济学，延安时期校对了《〈资本论〉提纲》《政治经济学论丛》。其中，《政治经济学论丛》中的《雇佣劳动与资本》及《价值、价格与利润》两文，因王学文校对改正较多，此《政治经济学论

中共七大会场——杨家岭中央大礼堂

丛》出版时也作为译者署名其上。王学文之所以能做此项工作，完全在于他将近20年的日本留学经历，并且，他在1921年考入日本京都帝国大学经济学部后，受教于日本著名的马克思主义经济学家河上肇。中文版《〈政治经济学批判〉序言》中关于唯物史观的那段经典论述，即出现于河上肇《马克思的唯物史观》一文中，1919年刊登于北京《晨报》。王学文能够从事译文的译校，除了他本人精通日、德、英三种语言之外，还在于名师对他进行了扎实的专业训练。

延安时期，留日、留法、留苏的三大留学生群体构成了延安马列著作翻译的主力军。留学日本的除了王学文，还有何干之、叶以群、周扬、艾思奇等。留学苏联的有陈伯达、师哲、杨松、张仲实等。留学法国的有艾青、陈学昭等。这些受过高等教育的留学人员可以说是山窝窝里的"高材生"。

中央对这些懂外语的知识分子也特别照顾，据张闻天的夫人刘英后来叙述，中央对这些高级知识分子都有具体的生活待遇规定：

马列学院成立了一个编译部，专门从事十卷本《马恩选集》和十卷本《列宁选集》的编译工作。闻天亲自指导，集中了一批人才，其中有张仲实、王思华、何锡麟等。他规定任务，每天对一千字，一年三十六万字。生活上对他们很照顾，派了服务员照料他们的日常生活，每人每月发津贴四元五角。那时政治局委员们的津贴也只有五块钱。闻天得到了外文版的书刊，就亲自送到编译人员的住址。

当时边区主席林伯渠的津贴是四块钱，比编译人员还少半块。在中央的组织和关怀之下，从事马列著作的编译人员获得了相对优渥的翻译条件，更重要的是，许多党的高级领导同志对译本的重视也使这些翻译人员干劲十足。据第一个到编译部工作的何锡麟回忆，"出版这些书都是给党内领导同志及广大干部学习用的，有时我们的译稿送至解放社，在还未排印之前就被中央领导同志如陈云、富春等同志抽去看了”。

八、编译部里“留过学”的柯柏年

柯柏年也是较早被抽调到马列学院编译部的人员。毛泽东在延安时期曾经说过，“翻译工作，要多请教柯柏年”。

事实上，柯柏年从未出国留学，之所以说柯柏年“留过学”，那是柯柏年老家人的讲法。柯柏年出生于广东潮安城（今潮州湘桥区），当时潮州学生把到广州、上海、北京等地读书称为“留学”，因而，柯柏年很早的理想就是去外地“留学”。为了能够去外地“留学”，柯柏年努力学习英语，每次英语考试都是第一。他中学就读于美国教会办的汕头礐石中学，得以和一个美国来的教师用英语直接对话，并在与美国老师的交流中阅读了许多英文小说，这种语言训练为他以后的翻译工作打下了坚实的基础。所以虽然柯柏年没有出国留学，但他的外语丝毫不逊色于留学归来的人员。

但是，让柯柏年成为一个出色翻译者的更重要的原因在于，柯柏年自己思想的求索与对马克思主义理论的探究激发了他从事

柯柏年译
《拿破仑第三政变记》封面

翻译马克思主义经典著作的决心。五四新文化运动带来了思想大激荡，各种主义、思潮被介绍到中国，这些思潮让少年柯柏年非常震动，但同时也带来了迷惑，正像他后来回忆时说到的，“过了一段时间，当我看的、听的东西比较多了之后，我就有这么一个感觉，我总不能让这些五花八门的，又往往是相互对立的新思想都在自己脑子里生根呀，我总得有所取、有所舍呀！”这个取舍，就是要形成自己的理解，最后，他选择了马克思主义。为了学习马克思主义理论，还在沪江大学中学部时，柯柏年就订了一份美国共产党的机关报《工人日报》，还向专门出版马克思主义著作的芝加哥克尔书局(Charles H. Karr and Co.)购买英文书，其中包括英译本的《资本论》。通过对《资本论》的阅读，柯柏年体会到，读马克思英文本著作反而比读别人所写的介绍性和解释性的中文著作更容易懂、更有吸引力。这一情况只能表明，当时中国人对马克思主义的了解还比较少，马列原著翻译阙如，更遑论二手性的阐释性著作。由此，柯柏年萌生了翻译马克思和恩格斯原著的念头。

“柯柏年”这个名字即来自翻译马列原著时的创造。柯柏年原名李春蕃，早年发表文章曾用过马丽英、丽英、福英等笔名，1927年大革命失败后，为安全计，李春蕃从马克思的名字Karl Marx中取第一个字母K，从恩格斯在《共产党宣言》英译本中的笔名Frederic Bender中取第二个词的第一个字母B，从列宁的名字Lenin中取字母N，将这三个字母组合在一起取其汉语拼音谐音，就有了“柯柏年”这样一个名字。今天，知道“柯柏年”这个名字的人远远多于知道李春蕃这个名字的人。

柯柏年早年翻译过恩格斯《社会主义从空想到科学的发展》的部分章节（以《科学的社会主义》为名印刷）、马克思的《哥达纲领批判》、狄慈根的两本著作等书。延安时期，柯柏年与艾思奇、景林合译了《马克思恩格斯通信选集》，独译了《拿破仑第三政变记》《法兰西阶级斗争》两书，还与他人合译了《德国的革命与反革命》一书。

九、从苏联留学回来的“陕西娃”

柯柏年是广东人，“留学”于上海、北京，后从上海来到延安。与柯柏年这个“外来户”不同，张仲实是一个地地道道的“陕西娃”，却是一个真真正正走出陕西、走出中国、具有海外留学经历的陕西娃。

张仲实出生于陕西省陇县城北郊店子村一个普通农民家庭。陇县处于陕甘交界的山区，是红军长征到达吴起镇的前站，有着与延安同样的陕北地貌。张仲实两岁丧母，主要靠伯母抚养长大。由于书念得好，张仲实得以以陪读方式完成了高小的学习，后考入陕西省立甲种工业学校，在这里逐渐受到马克思主义理论的影响。1925 年，张仲实成为中共党员，积极开展大革命运动，次年，陕西军阀刘镇华抓捕革命者，张仲实不得不远赴上海，考入上海大学社会科学系。

1926 年 7 月，得知中央要送一批人去苏联留学，张仲实主动提出出国学习的要求，通过考试后，他与其他人一道于 1926 年 10 月远赴莫斯科。他先是在莫斯科东方劳动者共产主义大学学习，后因学习成绩优异，尤其是俄语的掌握较其他人突出，经组织安排转到莫斯科中山大学学习。在莫斯科中山大学，他被分配到比较重要的翻译班，从事马克思主义理论著作和教材的翻译工作。在中山大学，张仲实能够与张闻天、伍修权等人一起学习工作。

1930 年张仲实回国，先是在唐山和天津活动，次年到上海。由于时局动荡，他在上海没有联系到党组织，却获得了除翻译工作之外的编辑、校对工作。他先是在神州国光社任校对，再去中山文化教育馆工作，任该馆主办的《时事类编》杂志的特约翻译兼编辑，后入邹韬奋创办的生活书店工作。在邹韬奋流亡香港之后，张仲实担任生活书店总编辑，这让张仲实得以具有出版丛书的经历和经验。在做编辑期间，张仲实利用业余时间坚持翻译马列主义著作和进步政治书籍，也决定了对此后工作道路的选择：毕生从事马列主义著作的翻译工作。

上海沦陷后，几经辗转，张仲实于1940年5月和茅盾一起经西安到达延安。1940年6月他便接替陈伯达任马列学院编译部主任，自此开始，张仲实可以说是我国马列主义著作翻译、研究工作的领军人物之一。延安时期，张仲实领导马列著作编译部的同志，在十分困难的条件下，翻译了大量马列主义著作，其中包括《马恩丛书》10卷、《列宁选集》20卷。张仲实本人也参加了《列宁选集》20卷中译本的校阅和审定工作。

用张仲实手书的《山行》一诗来说，张仲实一生的翻译历程，犹如山行，虽崎岖坎坷，但屡有景致、屡有盛景，构成了中国马列主义著作编译史上的“红色景致”。

十、在油灯下与毛泽东对谈《反杜林论》的翻译者

马列原著翻译的目的是为了加强党的干部的学习，以此增强干部的实践工作能力。毛泽东在油灯下与《反杜林论》翻译者吴亮平的对谈，可以看作马列著作翻译所具有的实践意义。

与张仲实一样，吴亮平也是被中央派出赴苏留学的，只不过他比张仲实去得还要早一年，是第一批被党送去学习的，同去的还有张闻天、王稼祥、伍修权等。吴亮平在苏联留学期间，着手翻译马列著作，最先翻译的是恩格斯的《社会主义从空想到科学的发展》，这是《反杜林论》一书的一部分，为吴亮平翻译此书奠定了基础。

1929年吴亮平从莫斯科回到上海，在中央宣传部工作，后受到同样从苏联回来的王明的打击，被派到街道支部去撒传单，同时以伪装的身份在政法大学代课。正是在这种不稳定的情况下，吴亮平用三个月的时间在上海的一个小亭子间里完成了《反杜林论》一书的翻译。1931年11月此书由上海江南书店出版。之后，上海江南书店、上海笔耕堂书店、上海生活书店、重庆生活书店

多次再版或重印该书，这些译本的译者署名不一，或为“吴理屏”，或为“吴黎平”。

吴亮平翻译《反杜林论》后不久，即被国民党逮捕，出狱后赴中央苏区，并随红军长征到达延安，到延安后，任中央宣传部副部长。毛泽东在得知吴亮平就是《反杜林论》的译者后，非常高兴地约吴亮平谈《反杜林论》中的理论问题。毛泽东 1931 年率红军打下福建漳州时，从一堆战利品中收集到一本吴亮平翻译的《反杜林论》，如获至宝，虽长征中要丢弃许多物品，但这本书却一直带在身边。毛泽东在延安与吴亮平的一次对谈中说：“你看，我把这本书（指《反杜林论》）带过来了。”

毛泽东对吴亮平的翻译极为称赞，并称“吴黎平”这个署名更好，从而激发了吴亮平重新校订这本书的决心。1939 年，吴亮平在延安把《反杜林论》重新校审了一遍，当时的延安已经建立了印刷厂，这个订正本就由延安解放社公开出版，署名自然是“吴黎平”。中华人民共和国成立之后订正再版的《反杜林论》都是以吴黎平为译者署名。

吴亮平这个“洋学生”与毛泽东这个“土包子”之间的对谈，可以看作是马克思主义中国化的一个象征。马克思主义经典文献的编译，一开始就是植根于中国的革命实践活动之中的，而这些翻译者本人，也是革命者中的一员，他们身处土窑洞，“扎根”黄土地，在最艰难的生存环境中进行文献的译介与理论的求索。

十一、“理论”与“实践”的振荡

据吴亮平回忆，毛泽东在与他进行的哲学讨论中，经常说，“读书是为了更好地解决实际问题”，“不解决实际问题，读书干什么”。马克思在《黑格尔法哲学批判导言》中也嘲讽过所谓的理论派和实践派，指出哲学的世界化和世界的哲学是统一的。以毛泽东为代表的中国共产党人，深刻地洞察到了马克思主义理论的内涵，即马克思主义理论本身包含着实践的力量。毛泽东终其一生，始终强力批判那种将理论与实践分成两截的做法，无论是机会主义、盲动主义，还是党八股、主观主义、宗派主义，还是教条主义、经验主义，都是流于一偏。这样一种领悟奠定了延安时期马列主义理论文献编译的基本立场：在重视理论自身的丰富内涵的同时，努力凸显理论所具有的实践指向。

1930 年 5 月，毛泽东在《反对本本主义》一文中写道：

马克思主义的“本本”是要学习的，但是必须同我们国的实际情况相结合。我们需要“本本”，但是一定要纠正脱离实际情况的本本主义。

1941 年 5 月 19 日，在《改造我们的学习》一文中，毛泽东又特地批评了那种偏离革命实践需要的学习态度，即为了单纯的学习而学习马克思列宁主义的态度：

我们学的是马克思主义，但是我们中的许多人，他们学马克思主义的方法是直接违反马克思主义的。这就是说，他们违背了马克思、恩格斯、列宁、斯大林所谆谆告诫人们的一条基本原则：理论和实际统一。他们既然违背了这条原则，于是就自己造出了一条相反的原则：理论和实际分离。

随后在 1942 年 2 月 1 日《整顿党的作风》演讲中，毛泽东继续对那种空谈理论的“革命家”进行批评。即使一个人背诵马克思主义的经济学或哲学论述，从第一章到第十章都背得烂熟，但是完全不能应用，这样的人是不能算作理论家的，因为理论也是从实际中来并通过产生理论的实际情况得到理解的：

我们读了许多马克思列宁主义的书籍，能不能算是有了理论家呢？不能这样说。因为马克思列宁主义是马克思、恩格斯、列宁、斯大林他们根据实际创造出来的理论，从历史实际和革命实际中抽出来的总结论。

……

真正的理论在世界上只有一种，就是从客观实际抽出来又在客观实际中得到了证明的理论，没有任何别的东西可以称得起我们所讲的理论。斯大林曾经说过，脱离实际的理论是空洞的理论。空洞的理论是没有用的，不正确的，应该抛弃的。对于好谈这种空洞理论的人，应该伸出一个指头向他刮脸皮。马克思列宁主义是从客观实际产生出来又在客观实际中获得了证明的最正确最科学最革命的真理；但是许多学习马克思列宁主义的人却把它看成是死的教条，这样就阻碍了理论的发展，害了自己，也害了同志。

1

2

1_

毛泽东《改造我们的学习》封面

2_

毛泽东《整顿党的作风》封面

1942年5月，毛泽东在《在延安文艺座谈会上的讲话》中说：

我们是马克思主义者，马克思主义叫我们看问题不要从抽象的定义出发，而要从客观存在的事实出发，从分析这些事实中找出方针、政策、办法来。

马克思列宁主义理论要和中国的革命实际联系起来，这是一个面向未来的发展要求，但同时也不要忘记了，马克思列宁主义理论本来就是和产生它的社会实际联系在一起的，与欧洲的革命实际、俄国的革命实际、苏联的革命实际联系在一起的。马克思主义理论文献的翻译，也不能仅仅从马克思主义理论文献本身出发，因为仅从文献本身、从抽象的定义本身是得不到对这个文献的真正的理解的。

马恩原著翻译的第一条原则是"忠于原意"，但这个"原意"也是翻译者首先要把握到的，这个把握，又不能仅仅从原文本身出发就足够了的。王学文在谈他对翻译的体会时说："我对翻译校对的体会是不仅要懂外文，还要有专业的知识，而且要懂得和熟悉所要翻译的著作，这样才能表达原意。""掌握原意"和"表达原意"构成了翻译工作的两个阶段，前者需要以广博的知识尤其是欧洲社会发展的知识为背景去把握"著者"写作的实际条件，进而准确把握"原意"，后者需要一定的语文技艺以使表达出的"原意"贴合译者所处的民族文化氛围。

出生于陕西韩城并去苏联留学的师哲，1942年3月随同周恩来等人回延安，曾给毛泽东做过俄文翻译秘书工作，主要负责毛泽东与斯大林的电报往来和毛泽东接见苏联客人的翻译工作。师哲后来这样总结他的翻译经验：

既要牢牢掌握好原文的原意、精神实质，又要讲究译文的表达方法、方式；既要忠实原文原意，又要保证译文通俗易懂，并尽可能地使译文优美流畅、脍炙人口。

毛泽东在延安窑洞撰写《论持久战》

这意味着译者要先把马列原著彻底弄通，将过去、现在、未来连接起来，将马列主义理论文献所具有的生动力量激发出来。

十二、窑洞里的马克思主义

延安的窑洞是最革命的，
延安的窑洞有马克思主义，
延安的窑洞能指挥全国抗日战争。

这是 1940 年毛泽东对从前线回来的干部所讲的话。延安时期，既是马克思主义经典理论文献大规模、有组织编译的时期，也是马克思主义扎根窑洞、马克思主义中国化的时期。

早在 1938 年，毛泽东在中共六届六中全会上就提出了“马克思主义中国化”这一命题：

没有抽象的马克思主义，只有具体的马克思主义。所谓具体的马克思主义，就是通过民族形式的马克思主义，就是把马克思主义应用到中国具体环境的具体斗争中去，而不是抽象地应用它。……因此，马克思主义的中国化，使之在其每一表现中带着中国的特性，即是说，按照中国的特点去应用它，成为全党亟待了解并亟须解决的问题。

回溯历史，延安时期的马克思主义文献译介，一开始就是紧紧围绕革命行动展开的。正如毛泽东在1942年《整顿党的作风》中所说："我们的理论还不能够和革命实践相平行，更不去说理论应该跑到实践的前面去。我们还没有把丰富的实际提高到应有的理论程度。"马列文献的译介是革命实践的需要，但并不是说，革命实践是非理论的，而是说借助马克思主义的理论文献，将中国革命实践本来所具有的马克思主义理论的内涵凸显出来，并按照理论所揭示的必然性和复杂性去开展实际的革命。

马克思在《费尔巴哈提纲》最后一条说："哲学家们只是用不同的方式解释世界，而问题在于改变世界。"原文中"解释"和"改变"两个词汇都用了斜体，以此表明两词所具有的特殊意义。这个特殊意义在于，单纯的"解释"是贫乏无力、不能触动现实的，单纯的"改变"也有可能是短视盲目的，两者应该是一个融合统摄的内在关系。但这个内在统摄，不能以"解释"为地基而应以"改变"为地基，也就是说，真正的根本是内在地包含着解释力量的改变行动。这也是马克思主义中国化的内在逻辑，这一逻辑是将马克思主义理论的单纯的理论普遍性与中国单纯的革命行动的特殊性统一在包含了理论普遍性在自身革命行动之内的个别性中。这个冗长啰唆的表述，用简单的语言来说就是，马克思主义理论的本性是发展、运动，从这个意义上说，马克思主义理论文献的编译也构成了中国革命、中国社会发展的一个部分，并使中国社会的发展与建设葆有理论的深度与力量。

第二章

马克思主义理论文献编译的主要群体与编译机构

一、抗战中的红色翻译家

中国共产党自成立之日起，就始终重视并推进马列主义经典文献在中国的翻译、出版与传播。新中国成立之前，马列主义经典文献的编译大致经历了五四时期、建党初期和延安时期三个时期。五四时期，李大钊、陈望道等人为马列著作在中国翻译、出版开了先河。建党初期，经过李达等人努力，马列著作翻译与出版事业走出“思想建党领先一步，马列著作出版奠基”的创新道路。延安时期，以延安为中心，在毛泽东、张闻天等中共中央领导同志的倡导下，经过柯柏年、吴亮平、成仿吾、何思敬等一批翻译家的共同努力，出现了马列著作翻译出版的空前盛况。

延安时期马列著作翻译出版事业的兴盛，与当时党内外众多知识分子的重视与支持分不开。自20世纪30年代中期以来，来自全国各地的大批知识分子纷纷奔赴延安，这一潮流至30年代末进入高潮，到40年代初，延安已汇聚了多达4万人的知识分子群体，其中也包括从事马克思主义理论文献编译的学者们。

张仲实

张仲实（1903—1987），原名张安人，1903年出生在陕西省陇县北郊店子村一户农家。1926年10月，党组织选派张仲实去苏联莫斯科东方大学深造。1928年，东方大学和中山大学合并后，转入中山大学学习，被编在翻译班，编译教材，1930年回国。在这四年期间，张仲实学习了俄文，开始接触翻译工作，同时还系统研读马列主义理论著作，为后来从事马列著作的翻译和出版工作奠定了坚实的基础。

1930年9月张仲实回国后，开始从事翻译工作，花半年时间译出了拉皮杜斯、奥斯特洛维恰涅夫的《政治经济学》，在当时并未出版，但这对他日后从事马列主义著作的翻译工作有很大作用。1932 年他在中山文化教育馆工作，给《时事类辑》杂志选择苏联报刊上有关国际问题的文章，后来在上海从事新文化出版工作。1935 年 2 月，经胡愈之介绍，进入生活书店，主持编辑《世界知识》，直到 1936 年 1 月被选为生活书店理事会理事，后又任该店总编辑。

在主持生活书店的编辑工作以后，为了宣传抗日救亡，为了宣传革命理论，他曾把生活书店出版范围扩大，有计划地出版了“青年自学丛书”“黑白丛书”“救亡丛书”“世界文库”和“世界名著译丛”等等。在这期间，他利用课余时间翻译了恩格斯的《费尔巴哈论》和《家庭私有财产及国家的起源》、普列汉诺夫的《马克思主义的基本问题》和列昂节夫的《政治经济学讲话》等马列主义著作和进步政治书籍。

1936 年至 1938 年间，他共翻译出版马恩列斯著作如《共产党宣言》和《法兰西内战》《反杜林论》《辩证唯物论与历史唯物论》等 20 多种。1940 年到延安后，他开始在马列学院搞翻译工作，主要是根据俄文校订《列宁选集》的译稿。1941 年 7 月，任中央研究院国际问题研究室主任，同年 9 月任中央政策研究室国际问题研究组组长。1942 年参加《马恩列斯思想方法论》一书的资料收集工作。1943 年，被调往中宣部工作，担任出版科副科长，主管马恩列斯经典著作的翻译与出版工作，即延安解放社的编辑出版工作。1947 年，主持编印了《马恩列斯论农民土地问题》。七届二中全会后，编译了《列宁斯大林论中国》《列宁斯大林论社会主义建设》《社会发展简史》等书。

张闻天

张闻天（1900—1976），原名张应皋，化名洛甫，上海南汇人，中国共产党的重要领导人之一，理论宣传和干部教育工作中成绩卓著的领导人之一。从 20 世纪 30 年代起，他就一直兼任中共中央宣传部部长、干部教育部部长等职务，非常重视广大党员干部的马克思主义理论学习、教育和研究工作。1933 年 3 月，张闻天刚到中央苏区不久，就着手在瑞金创办了马克思共产主义学校。他亲任校长，并主讲了《中国革命基本问题》。

红军长征到达陕北后，他多次明确提出组织在职干部开展马列主义理论学习。为了推动马列主义理论的学习和研究，1936 年 10 月，在张闻天提议下，中央机关干部还成立了马克思主义研究会，开展了学习和研究马克思主义的活动。抗日战争时期，为了进一步提高党员干部的马克思主义理论水平，克服非无产阶级思想意识，张闻天多次提出加强党内马克思列宁主义的教育的任务。他认为：

用马克思列宁主义的武器武装全党同志，是党目前争取民族统一战线中的领导权的最主要的任务。必须使全党同志了解学习马克思主义的重要，养成学习理论的兴趣，只有这一武器能够使我们在各种复杂的环境下，正确的解决问题，而不犯严重的错误。

在中共中央的关心和指导下，各抗日民主根据地克服一切困难，相继恢复和创办了各类干部学校。仅延安就先后创办了中共中央党校、中国人民抗日军政大学、陕北公学、鲁迅艺术学院等学校，使党的干部教育和马克思主义教育事业得到了迅速发展。但当时还没有一所专门攻读马列主义理论的学校，为了进一步提高党员干部的理论水平，张闻天建议：

军事抗战固然重要，但从事马列著作翻译工作同样重要。目前从事理论工作的干部奇缺，大量培养干部的形势紧迫，且在职干部需学习马列著作、开展宣传工作，因而从事马列主义理论教育的人才不可或缺。

中共中央听取了张闻天的建议，于 1938 年 5 月又创办了“马克思列宁主义学院”（简称“马列学院”），由张闻天直接领导。

1939年2月，中央设干部教育部，张闻天兼任部长；1941年5月，马列学院改名为马列研究院，同年7月，又改名为中央研究院，张闻天均兼任院长。为做好马克思主义经典著作的编译出版这项工作，他特地在马列学院内成立了一个专门机构——编译部，张闻天亲自兼任编译部主任。他管得很具体，抽调干部，个别谈话，了解工作进度和困难，审阅部分译稿，等等。编译部起初不到十人，他还组织延安其他单位的一些同志参与这项工作。他提出的目标很明确，第一期集中力量编译出版“马恩丛书”10册，第二期编译出版“列宁选集”20卷。在他的领导下，这项工作有组织、有计划地开展，终于如期竣工，前后花了将近六年。

在延安期间，他还很重视党的出版发行工作，在宣传领域，张闻天对我国的编译与出版事业作出了巨大的贡献，他是马恩著作得以在中国传播的重要人物。

报纸、刊物、书籍是党的宣传鼓动工作最锐利的武器。党应当善于充分的利用这些武器。办报、办刊物、出书籍应当成为党的宣传鼓动工作中的最重要的任务。除了中央的机关报、机关杂志及出版机关外，各地方党应办地方的出版机关、报纸、杂志。除了出版马恩列斯的原著外，应大量出版中级读物、辅助读物以及各级的教科书。应当大量的印刷和发行各种革命的书报。

艾思奇

艾思奇（1910—1966），原名李生萱，出生于云南省腾冲县一个富裕的家庭，父亲是同盟会会员，曾任蔡锷护国军秘书长。1926年艾思奇在昆明参加学生运动，险遭军阀逮捕，乔装取道越南到苏州。次年到南京，因其兄李生庄是东南大学学生会负责人，共产党员，艾思奇被国民党误为其兄而被捕。保释出狱后去日本，参加中共东京支部组织的“社会主义学习小组”，对马克思主义哲学发生了浓厚的兴趣，刻苦研读了许多哲学经典著作。在日本留学期间回昆明短期养病，稍后考入福冈高等工业学校冶金专业，但志趣在哲学。

1931 年九一八事变后，艾思奇愤而返国。1934 年先后在上海《申报》流通图书馆读书指挥部和《读书生活》杂志（李公朴主编）主持“读书问答”和“哲学讲话”，进行“新哲学”以及马克思主义哲学通俗化的探索。1936 年 1 月，读书生活社出版其著作《哲学讲话》的单行本，不久，遭国民党政府以“宣传唯物史观，鼓吹阶级斗争”之罪查禁，后又更名为《大众哲学》出版。到 1938 年，该著作两年间印行 10（版）次，到 1948 年，共计印行 32 版（次），影响甚广。

1935 年 10 月，艾思奇由周扬、周立波介绍入党。1937 年 9 月，与上海文化界十几名知名人士一起来到延安。到了延安后，毛泽东很关注和重视艾思奇从事的哲学理论工作，阅读了艾思奇的《大众哲学》《哲学与生活》等哲学著作，经常就读书的感受致信艾思奇：

你的《哲学与生活》是你的著作中更深刻的书，我读了得益很多。

1938 年 9 月，在毛泽东的倡议下，延安“新哲学会”成立了，由艾思奇和何思敬主管。为了帮助干部学习哲学，艾思奇编写了《科学历史观教程》。在整风运动中，艾思奇受毛泽东的委托，主编了《马恩列斯思想方法论》，作为干部必读书供干部学习。在延安期间，历任抗日军政大学主任教员、中央研究院文化思想研究室主任、中共中央文委秘书长、《解放日报》副总编辑。在抗大、陕北公学、马列学院等校给革命青年和干部讲了许多哲学课。

王学文

王学文（1895—1985），江苏徐州人，早年赴日求学，致力于马克思主义政治经济学研究，1927年加入中国共产主义青年团，同年加入中国共产党，参加郭沫若等组织的创造社，发表大量文章宣传马克思主义。1928年到上海后，在上海艺术大学、中华艺术大学、上海法政学院等校讲授政治经济学、经济思想史、金融学和社会意识学，在《思想月刊》《新思潮》《读者》《社会科学讲座》等杂志上宣传马克思主义政治经济学。1930年与鲁迅等发起中国自由运动大同盟，反对国民党专制独裁统治，争取言论、出版、结社、集会自由，同年加入中国社会科学家联盟和中国社会科学研究会。

1937年抗战全面爆发后到延安，在中共中央党校任教，后任马列学院副院长、中央军委总政治部敌工部部长、华东财经学院院长等。曾在延安校对《政治经济学论丛》（包括《雇佣劳动与资本》《价值、价格与利润》等）和《〈资本论〉提纲》，由延安解放社列入“马克思恩格斯丛书”出版。延安时期，王学文翻译、校订了大量马列主义经济学著作，这些著作的翻译对中国特色政治经济学的研究影响很大。

何锡麟

何锡麟（1915—2013），1915年生于中国天津市军粮城。中国共产党优秀党员，忠诚的共产主义战士，著名马克思主义翻译家、教育家，中共中央编译局原顾问。20世纪30年代，受进步思潮的影响，何锡麟主编了进步刊物《丧钟》，宣传社会主义思想。1936年加入中国共产党。抗日战争时期，何锡麟曾在延安从事马列经典著作翻译工作。1943年初，到中共中央宣传部工作，从事马列著作，主要是《列宁选集》的翻译工作，也为中央领导同志翻译其他资料。

延安时期，翻译的作品主要有“马恩丛书”中的《〈资本论〉提纲》和《政治经济学论丛》，以及《列宁选集》第一、十一、十六、十七等卷，为党的思想理论事业贡献了自己的力量。何锡麟回忆道：

我是1938年5月第一个被调到马列学院搞经典著作翻译的，不久柯柏年同志、王石巍（即王实味）也来了，我们是最早的三个人……当时翻译的本子主要来自苏联，有俄文、英文、德文、法文、日文等版本。我们先以主要力量从事“马恩丛书”的编译，接下去才翻译《列宁选集》。我翻译的第一本经典著作是马克思的《雇佣劳动与资本》中除《价值、价格与利润》外马恩的其他几篇著作。随后又翻译了恩格斯的《〈资本论〉提纲》。《论丛》和《提纲》这两本书均由王学文同志从日文进行校对，1939年由延安解放社出版。

何锡麟和王学文一样，翻译了很多经济学著作，对中国经济学的研究影响很大，作为经济学领域翻译的代表人物，他们还成立经济学研究会与学习小组，例如延安时期就曾组织了一个《资本论》学习小组。同时，他们不仅翻译了大量经济学著作，还编写了多部政治经济学著作。

吴亮平

吴亮平（1908—1986），曾名吴黎平，1908年6月出生于浙江奉化的一个小村庄，于1925年加入中国共产党。吴亮平是中国著名的无产阶级政治活动家、马克思主义理论家和翻译家。1925年，在恽代英推荐下到莫斯科中山大学学习。1932年10月，赴中央苏区，在中央红军宣传部担任宣传部部长，长征到陕北后，曾担任中央宣传部副部长。吴亮平作为中共中央宣传部的主要负责人，亲自翻译马列主义的重要著作并对马克思主义理论进行宣传，同时对马列著作的出版工作也作出了巨大的贡献。

在翻译方面，1930 年，吴亮平翻译出版了恩格斯的经典著作之一《反杜林论》，该书涉及马克思主义哲学、政治经济学等多方面的内容，在延安得以多次印刷出版，对延安时期马克思主义的发展影响很大。跟随中央红军到陕北后，吴亮平在延安的红军大学任教，给学员讲授马克思主义政治经济学。延安时期，吴亮平和艾思奇合译《唯物史观》，编写《论民族民主革命》一书。该书系统地介绍了马克思、恩格斯、列宁、斯大林关于民族民主革命的理论，分析了各国民主革命和民族革命的历史特点和经验。1938 年 5 月，马列学院成立，张闻天兼任院长，并兼任院编译室主任，主持《马克思恩格斯丛书》和《列宁选集》的编译工作。在延安马列学院期间，吴亮平参加了翻译工作，主要将莫斯科中山大学的几部经典著作进行重印和校订，即重译了恩格斯的《社会主义从空想到科学的发展》，校订了同张闻天合译的马克思著《法兰西内战》及柯柏年译的马克思著《拿破仑第三政变记》。在参加《列宁选集》的编辑工作期间，与王石巍合译《列宁选集》第 11 卷（列宁在二月革命之后的著作）以及一些中译列宁著作的校订工作。同时，吴亮平还参加了《马恩与马克思主义》一书的翻译工作。1939 年，在毛泽东的鼓励下，将《反杜林论》重新修订一遍。

1940 年 8 月，延安出版社出版了经过半年时间修订的《反杜林论》。关于《反杜林论》，吴亮平回忆说：

1939 年在延安我又把《反杜林论》重新校审了一遍。这主要是受到毛泽东的鼓励。此外，有人告诉我，我的译本在上海出版后，曾在北平等地重新翻印了好几次。我原来想，我的译本会很快被一种更好的新译本所取代，因为最初由于环境和条件的限制，我的外语和理论修养都不足，译文难免有缺点甚至错误，那些年又没有机会校订，这一次我决心乘《反杜林论》中译本出版十年的机会，对译文重新加以校订。我还是根据德文原本，参考了 1938 年苏联新校订的俄文版，还有英文版。这次工作条件比 1930 年的秘密工作环境，当然好得多。我大约用了半年多的时间，于 1939 年秋校改完毕。恰巧，延安已经建立了印刷厂，第一次的校订本就在 1940 年由解放社出版。

延安时期曾经担任过中宣部部长的吴亮平，除了与洛甫合译《法兰西内战》、与柯柏年合译《拿破仑第三政变记》、与王石巍合译《马克思墓前演说》及《马克思小传》以外，曾经独自翻译了《社会主义从空想到科学的发展》，重新校订了《反杜林论》这一科学巨著。吴亮平是马列主义科学社会主义著作翻译的代表人物，他翻译了多部科学社会主义著作，对中国的抗战产生巨大的影响。

焦敏之

焦敏之（1906—1992），又名焦有功，字敏之，1906 年生于山西忻县城内东街。后考入上海大学，1925 年在上海大学读书时加入中国青年团，1926 年成为中共党员。1927 年赴莫斯科中山大学学习，1930 年回国。1934 年秋，在太原与周北峰、林任之创办了《中外编读》。以后焦敏之在上海从事社会活动和写作工作，与文化界沈钧儒的救国会联系密切，写了《人民阵线在全世界》一书。1938 年至 1939 年，在延安抗大工作两年。1940 年至 1946 年 7 月，在重庆为《新华日报》等报刊撰稿，并任苏联驻华大使馆新闻处中文部总编辑、新闻类编日报处总编辑，及中苏文协研究委员会副主任。

焦敏之著作、译作甚多，仅出版的就有 500 多万字。其重要著作有《苏德战史》（1947 年上海光明书局出版、郭沫若作序）、《近代国际政治史》（1948 年上海棠棣出版社出版）、《古代世界史纲》等。翻译的有《恩格斯军事论文选集》《马克思主义的美学观》

《军队论》《马克思主义论军队和战争》及列宁的《俄国资本主义的发展》（以上三种最早均为延安出版，新中国成立后又重新出版）、《中国经济地理》（据1953年俄文版翻译出版）以及《苏联的集体农场》、《列宁论战争》（重庆老三联社）、《原始人的文化》《马恩列斯论经济问题》《苏俄地理基础》，等等。其中，他翻译的《恩格斯军事论文选集》是我国翻译出版的第一本恩格斯的军事论文集，《马克思主义的美学观》是我国最早的审美学译作，《原始人的文化》对研究我国史前社会史具有重大参考价值。

柯柏年

柯柏年（1904—1985），原名李春蕃，笔名马丽英，1904年出生于潮州市。1919年，五四运动爆发，当时柯柏年在广东汕头读中学，他凭借满腔爱国热情参加了声势浩大的学生运动。之后参加各种集会、演讲和辩论。当时社会各种思想与主义极为活跃，但柯柏年最终选择了马克思主义，据柯柏年回忆：

> 当时的新文化运动是一个百家争鸣的、思想极为活跃的文化革命运动……当时，形形色色的学派、思想和主义都被介绍到中国来了……经过一个时期的学习、对比和研究，我终于选择了马克思主义。

1920年，柯柏年到上海沪江大学中学部学习。在校期间，积极阅读英译本马克思主义书籍和进步政治书籍，并开始接触翻译工作，先后翻译了列宁的《帝国主义论》（前六章）、列宁的《农业税的意义》、考茨基的前期著作《社会革命论》。1924年，从上海到北京后根据马克思的女婿艾威林的英译本，把恩格斯的《空想和科学的社会主义》（即后来通常译为中文名的《社会主义从空想到科学》）翻译出来，译文刊登在《民国日报》的副刊

《觉悟》上。1925 年，根据收集到的三个英文译本互相参照翻译了马克思的《哥达纲领批判》。1937 年全面抗战后，到了延安，在陕甘宁边区政府教育厅工作。1938 年 5 月马列学院成立后，在编译部从事马恩列斯著作的翻译工作。从 1938 年到 1940 年，参与《马克思文选（两卷集）》的翻译工作。在马列学院工作期间，先后翻译了马恩合写的《中央委员会致共产主义者同盟的信》、马克思的《法兰西阶级斗争》和《拿破仑第三政变记》。同时还翻译了一些马克思、恩格斯的书信。整风运动时，中央研究院改组后，被调到中宣部翻译室工作，翻译室的主要任务是翻译列宁的书，即把当时苏联出的十二卷集的《列宁选集》补译完。柯柏年翻译第十一卷，即《马克思恩格斯及马克思主义》。抗战后期，美军观察组进驻延安，中央成立外事组，柯柏年被调往外事组工作，此后一直从事中国的外交工作。

成仿吾

成仿吾（1897—1984），原名成灏，笔名石厚生、芳坞、澄实，出生于湖南省新化县（今琅瑭乡）澧溪村一个知识分子家庭。早年曾留学日本，1921 年回国。1925 年任广东大学教授、黄埔军校教官。1927 年大革命失败后为了深入地学习马克思主义离国赴欧。1927 年下半年开始翻译马克思主义著作中的一些章节，主要是供同在欧洲留学的中国同志学习使用。1929 年，集中精力译书，根据当时流行的德文《共产党宣言》版本，参考了英、法文译本，花了几个月时间把《共产党宣言》翻译出来，请了一个德共党员将《共产党宣言》译稿带往莫斯科，由于当时的蔡和森已调往国内，任广东省委书记，不久就壮烈牺牲，因此这份译稿就石沉大海了。

1934 年 10 月，成仿吾随中央红军参加长征。1937 年全国抗战爆发后，大批革命青年从全国各地奔赴延安。之后中央决定成立陕北公学，成仿吾任校长。1938 年 8 月，成仿吾与徐冰翻译《共产党宣言》之后，译本在当时作为“马恩丛书”第四集出版过，在上海和其他敌占区也出版过。后来成仿吾在谈到翻译《共产党宣言》的经历时说道：

我第二次翻译《宣言》是1938年在延安与徐冰同志合作的。徐冰当时是《解放日报》编辑，我在陕北公学工作。这一年中央宣传部弄到了《宣言》的一个德文小册子，让我们翻译出来。于是我们把书分成两部分，我译前半部，徐冰译后半部。我们利用工作之余进行翻译，条件也很差，连像样的德文字典都没有找到。译出来后，我把全部译文通读了一遍就交了卷。

1945年他参加党的七大，又一次对《共产党宣言》做了较大的修改，定稿后交给了解放社，胡宗南进攻延安后，译稿遗失。

郭大力

郭大力（1905—1976），出生在江西省南康县一个农民家庭。1923年入厦门大学学习化学，后转入上海大夏大学（1951年大夏大学与光华大学相关系科合并组成现今的华东师范大学）攻读哲学，并开始研究马克思主义。1927年毕业于上海大夏大学。1928年，郭大力与王亚南决心共同翻译《资本论》。他后来在回忆这段历史时说：

我译这部书，并不是因为我已经很理解它，也不是因为我已经有了翻译的能力。1928年，国民党全面背叛了革命，红色政权已在江西建立，当时我只觉得一点：有革命的需要。

1934年，当郭大力第二次翻译《资本论》时，1928年翻译的第一卷译稿已在“一·二八事变”中全部毁于日本帝国主义的侵华炮火之中。他不得不重新翻译。恰巧，王亚南于1935年底从德国回到上海，不久也参加了这一工作。因此，这一段的翻译工作进行得比较顺利。然而好景不长，1937 年秋，日寇的侵略魔爪伸到了上海，敌机狂轰滥炸，大火在郭大力住地附近一连烧了好几天。郭大力从灾区逃出，把已经完成的第一卷译稿交给读书生活出版社，就带领全家回到了江西老家。回到家乡之后，他继续翻译《资本论》第二卷和第三卷。这时，王亚南也离开上海，到了内地。他们在艰苦而分散的情况下，坚持翻译，并将译好的稿件以挂号信的方式分别陆续寄到上海。《资本论》第二卷的全部和第三卷的绝大部分译稿，就是在这种险恶的条件下完成的。1938 年，南京等地相继沦陷，红色出版家郑易里出奇制胜，决心趁战乱之机，在上海租界中突击印出《资本论》，于是他邀郭大力秘密返回上海，日夜奋战，终于在 1938 年 4 月至 9 月间，一举赶印出《资本论》三卷的中译本，创造了奇迹。

1940 年春至 1947 年底，郭大力又以执着追求、锲而不舍的精神奋战 8 年，翻译出版了 100 多万字的《资本论》第四卷《剩余价值学说史》。从 1928 年杭州“大佛寺计划”开始，直到 1969 年王亚南逝世，他为《资本论》的翻译出版，持续工作 40 年。而郭大力，从 1928 年至 1976 年为《剩余价值学说史》重译本的翻译出版，整整奋斗了 48 年，48 年如一日，献身于《资本论》翻译出版事业。

二、延安红色编译机构

延安时期，为了提高党的理论水平，在党中央的支持下，成立了两所专门的编译机构，即延安马列学院和军委编译处。这两个编译机构在抗战时期，翻译了大量马列主义经典著作，扩大了马克思主义在中国的宣传与影响。除了马列学院编译部和军委编译处外，还有延安新哲学会、鲁艺文学院编审委员会等组织机构，也编译了部分马克思主义理论文献。

（一）延安马列学院

延安时期，在我党的历史上是一个重要时期，在革命遭受了重大挫折和失误并克服了巨大困难之后，以毛泽东为首的党中央在这个时期强调认真学习马克思列宁主义，总结经验教训，把马克思列宁主义的理论和中国革命的具体实践进一步结合起来，以便制定出正确的路线、方针和政策，指导抗日战争的胜利。

1938 年毛泽东在《中国共产党在民族战争中的地位》一文中向全党提出了学习马克思列宁主义的任务。

普遍地深入地研究马克思列宁主义理论的任务，对于我们，是一个亟待解决并须着重地致力才能解决的大问题。我希望从我们这次中央全会之后，来一个全党的学习竞赛，看谁真正地学到了一点东西，看谁学得更多一点。在担负主要领导责任的观点上

1938 年延安马列学院学员们的窑洞宿舍

说，如果我们党有一百个至两百个系统地而不是零碎地、实际地而不是空洞地学会了马克思列宁主义的同志，就会大大地提高我们党的战斗力量，并加速我们战胜日本帝国主义的工作。

在这种思想指导下，中共中央根据抗日局势变化，开展了我党历史上前所未有的学习运动，各根据地掀起了学习马列主义理论的热潮。随着抗日局势的变化，党意识到，当时抗日战争的客观形势不仅需要培养出大批有较高理论水平的青年干部，而且即使是经过长期革命战争、根据地工作或是地下工作锻炼，并具有丰富经验的老干部，也需要从理论上得到武装和提高，才能适应抗战的新形势。因此，在学习热潮的推动下，党建立了很多干部学校，各地干部学校，如中国人民抗日军政大学、鲁迅艺术学院、陕北公学、军事学院、中国女子大学等，如雨后春笋般地逐渐建立起来。随着形势的发展，全党同志越来越了解学习马列主义理论的重要。正如毛泽东所说："指导一个伟大的革命运动的政党，如果没有革命理论，没有历史知识，没有对于实际运动的深刻的了解 。要取得胜利是不可能的。"而在延安，还没有一所专门研读马列主义理论、着重培养有更多理论修养的干部的学校。为此，中共中央决定创办"马克思列宁学院" 。

1938 年 5 月 5 日，马克思诞辰纪念日，马列学院在延安正式成立。院长为洛甫，即张闻天。马列学院分成两个部分，一部分培训干部，另一部分成立编译部，专门负责马列主义著作的编辑和翻译工作。张闻天亲自兼任编译部主任。最初在编译部搞翻译工作的先后有何锡麟、柯柏年、景林、赵非克和王实味等。参与编译工作的还有成仿吾、艾思奇、徐冰、吴亮平、王思华、何思敬、曾涌泉和曹汀等。虽然编译部人员不多，而且前后又有变动，但它是我党历史上第一个编译马列主义经典著作的专门机构。建党初期，中央就把传播马列主义著作当作一项重要任务。但当时只能组织分散的个人从事翻译工作，几经努力筹建的中共第一个出版社，也只能在半公开的状态下出版马列主义著作。延安时期的马列主义著作，是在党中央的直接关怀和具体领导下，由专门的翻译机构进行翻译，由党的出版社在自己的根据地出版发行的。

延安马列学院的成果主要是“马克思恩格斯丛书”和《列宁选集》的翻译。著名翻译家柯柏年在回忆录中，特别提到张闻天在延安马列学院时的独特领导作用：

> 张闻天同志是马列学院院长，他亲自抓这项工作。除了翻译部的全班人马外，还调了徐冰（新华社）、成仿吾（陕北公学）和何思敬（抗大）等同志参加这项工作。张闻天同志规定每人每天要译一千字，每一千字给一块钱的稿酬。不过，如果以后译文在延安以外地区出版发行（如重庆，重庆大量印延安出的书，因为延安出的书在国民党统治区很有销路），翻译者得了稿酬之后应把马列学院付的稿酬费还给公家。参加翻译的同志人数不多，但包括的语种却不算少，英、俄、德、日、法文都有。从1938年到1940年，我们用了近三年的时间把这两卷的文选统统译完了。

延安马列学院，从成立到改组，马列主义经典著作翻译工作也受到一些影响，据翻译家柯柏年回忆：

> 《马克思文选（两卷集）》基本译完时，马列学院改组为马恩列斯研究院。该院不设翻译部。因陈昌浩去苏联养病，我接替他的工作，调任马恩列斯研究院西方革命研究室主任，译书的工作暂时中止。后来，马恩列斯研究院改组为中央研究院。不久，整风运动开始；到“抢救运动”时中央研究院改为“党校三部”。改组之后，我被调到中宣部翻译室工作，翻译室的主要任务是翻译列宁的书，即把当时苏联出的十二卷集的《列宁选集》补译完。我翻译第十一卷，即《马克思恩格斯及马克思主义》。此时，译的已不是马恩的著作而是列宁的著作了。抗战后期，美军观察组进驻延安，中央成立外事组负责这方面的工作，我调中央外事组工作。从此，我一直从事外交工作，没有再翻译过马恩著作。

对于《列宁选集》的翻译，也受到马列学院改组的影响，据著名翻译家何锡麟回忆：

党中央一贯重视马列主义理论的宣传和教育工作，而在解放区内有计划地编译和出版马列主义经典著作则是从1938年开始的。1938年5月5日，在马克思诞辰120周年纪念日，延安成立了马列学院。马列学院机构小而精，却设了编译部，它的主要任务就是编译“马恩丛书”和《列宁选集》。当时中共中央的总书记张闻天同志兼任院长和编译部主任。

1941年中央发表关于调查研究的决定后，马列学院和编译部都解散了。整风时我们之中一部分同志已调到中央政治研究室。后来，没译完的《列宁选集》，由张仲实、曹葆华同志和我在1943年底又带到中宣部去继续翻译。1943—1944年我在中宣部因主要参加审干，译书不多，张仲实、曹葆华同志继续搞翻译工作。《列宁选集》就是这时完成的。

当时翻译出版的“马恩丛书”共十本。《列宁选集》可能是二十本，苏联出版的是十二本，每一本的篇幅太大，我们把它分成了二十本。

参加《列宁选集》翻译出版工作的张仲实回忆道：

这样，从1926年学习俄文开始，到生活书店的实践，使我最终决定了今后要走的道路：毕生从事马列主义著作的翻译工作，后因生活书店要在新疆建立编辑中心，我又于1938年底和茅盾一家来到迪化（今为乌鲁木齐），那里盛世才统治严密，共产党员和进步人士纷纷遭到逮捕迫害，遂于1940年底和茅盾一起经西安到延安。我来到革命圣地后开始在马列学院搞翻译工作，主要是根据俄文校订《列宁选集》的译稿，因为有些译稿是从英文译出的。

（二）军委编译处

对马列主义军事著作的翻译与出版，是延安时期党的编译事业的一大特色。延安时期，在党的重视和关怀下，毛泽东与中央军委专门组织了一个编译部，集中翻译了马列主义军事著作。

一些军事人员对于马克思列宁主义政治的热烈研究，是必需的。然而他之所以需要很好的学习马克思列宁主义政治，为的是能够更好地执行党的政策，更好地掌握部队，更好地指挥作战，就是为了完成自己的军事任务。所以，必须更进一步地学习马克思列宁主义的政治，同时也要学习马克思列宁主义的军事。

据翻译家曹汀回忆：

据我所知，早在1938年军委就指示当时的编译处翻译恩格斯的军事文章，把马克思恩格斯军事理论的学习当作军事干部必修的科目，军委编译处当时由曾涌泉同志领导，由抗大等单位调来几位懂俄文的同志从事苏联军事材料的翻译工作，并指定焦敏之同志翻译恩格斯的《军队》一文，后改称《军队论》在延安出版。当焦敏之同志外调后，就由我继续这一工作。当时军委负责同志，特别是叶剑英参谋长亲自关怀和指导这一工作。我记得，当恩格斯的《普法战争》一书在延安出版以后，叶剑英同志曾亲自找我谈话，指示研究马克思恩格斯军事思想的重要性，鼓励我全心全意把这一工作做好。

军委编译处最早译出的恩格斯的军事论文是《冲锋》和《军队论》，译者为焦敏之。这两篇文章先后发表在八路军政治部于1939年创办的《八路军军政杂志》上。《八路军军政杂志》第2期上发表的《冲锋》是恩格斯的文章《攻击》中的一个段落，总共约五六百字，它向读者介绍了两军对峙并准备会战时所使用的几种攻击方法。1939年底，焦敏之翻译的《恩格斯军事论文选集》第一册，由八路军军政杂志社列为“抗日战争参考丛书”第四种，在延安出版。这本选集收入了恩格斯的五篇军事著作：《军队》《步兵》《炮兵》《骑兵》和《欧洲军队》。它是我国翻译出版的第一本恩格斯的军事论文集。在焦敏之离开延安后，曹汀翻译的《暴力在历史中的作用》和《1870—1871年普法战争》，作为“抗日战争参考丛书”第十三种和第十六种，先后于1940年、1941年在延安问世。1938年8月，杨松、袁维节译的列宁《社会主义与战争》，由延安《解放》第85、86期发表。1939年10月，延安八路军军政杂志社，还以《列宁读〈战争论〉的笔记》为题，发表了列宁《卡尔·冯·克劳塞维茨〈战争论〉》一书摘录和批注。1939年10月，延安八路军军政杂志社发表了焦敏之翻译的《马克思列宁主义论战争与军队》。

除此之外，中共中央曾特别作出《关于一九四三年翻译工作的决定》，并由凯丰、博古、张闻天、杨尚昆、师哲、许之祯、赵毅敏等同志组成翻译校阅委员会。因此，与其他时期相比，延安时期马列主义经典著作中译本的翻译质量都比较高。

三、毛泽东亲自带头支持翻译马列著作

延安时期，我国对马列主义经典著作的翻译与出版事业是在党的直接关怀下进行的，因此，延安时期，我国对马列主义著作的翻译与出版是在较为充足的人力与物力条件基础下进行的。当时主管马列著作编译与传播的张闻天曾说：

> 为了发展各抗日根据地的文化运动。正确的处理文化人与文化团体的问题，实为当前的关键……应该用一切方法在精神上、物质上保障文化人写作的必要条件，使他们写作的积极性能够最大的发挥。须知爱好写作、要求写作，是文化人的特点。他们的

作品，就是他们对于革命事业的最大贡献。

在这一时期，马列主义经典著作的翻译与出版事业达到一个高峰，在很大程度上离不开毛泽东的“四个亲自带头”：亲自带头学马列、亲自带头讲马列、亲自带头倡导马列、亲自带头支持翻译马列。毛泽东对党员干部的学习尤为重视，他曾强调：

全党的同志，研究学问，大家都要学到底，都要进这个无期大学。要把全党变成一个大学校。学校的领导者，就是中央。各地方党部，八路军、新四军、游击队，都是这个大学的分校。全党同志以及非党的战士们，都须进这个学校。

为实现把“全党变成一个大学校”的愿望，毛泽东以身作则，积极促成全党范围的马列主义学习热潮。1938 年 5 月，在毛泽东的支持下，中共中央成立专门的翻译机构——延安马列学院编译部，集中翻译马克思、恩格斯、列宁和斯大林等人的著作。1941 年 8 月，中共中央书记处工作会议决定，由毛泽东等组成编辑委员会，编辑马克思、恩格斯、列宁和斯大林等人关于反对主观主义、形式主义的言论集，并尽可能编著反对主观主义和机械论的小册子。1942 年 9 月 15 日，毛泽东写信给当时的中央宣传部副部长凯丰：

整风完后，中央须设一个大的编译部，把军委编译局并入，有二三十人工作，大批翻译马恩列斯及苏联书籍，如再有力，则翻译英法德古典书籍。学个唐三藏及鲁迅，实是功德无量的。”

半年后，他又致信凯丰：“惟译、著方面（译是马列，著是历史），须集几个人来干，期于有些成绩。

延安整风期间，马列著作翻译出版的工作一度有些削弱。为纠正这种偏颇，1945 年四五月间，在党的七大上，毛泽东两次讲到要重视马列著作的翻译出版问题。第一次是在 4 月 25 日，在毛泽东所作口头政治报告的第三部分第二个问题中，他特别讲到应如何对待理论工作和翻译工作的问题。

我们整风讲实事求是，反教条主义，这样一反，好像理论工作者就不那样吃得开了。我们应该重视理论工作者，应该重视理论。从前我在六中全会上讲过，我们党的理论水平是很低的，现在比较过去是高了一些，但是还不够。

作翻译工作的同志很重要，不要认为翻译工作不好。我们现在需要大翻译家。我是一个土包子，要懂一点国外的事还要靠翻译。我们党内能直接看外国书的人很少，凡能直接看外国书的人，首先要翻译马、恩、列、斯的著作，翻译苏联先进的东西和各国马克思主义者的东西。还有历史上的许多东西，虽然不是马克思主义的，还有一些民主主义者的东西，我们都要翻译。因此我们要重视理论工作者，看得起他们，把他们看成我们队伍中很有学问的人，有修养的人，要尊敬他们。

第二次是在 5 月 31 日，毛泽东在为会议所作的结论中，再次强调了翻译出版马列著作的重要性：

我们对搞翻译工作的、写理论文章的人要看得起，应多和他们谈谈。没有搞翻译工作我们就看不懂外国的书，他们翻译外国的书，很有功劳，即使一生一世只翻译了一本书，也是有功劳的。

不要轻视搞翻译的同志，如果不搞一点外国的东西，中国哪晓得什么是马列主义？中国历史上也有翻译工作，唐僧就是一个大翻译家，他取经回来后设翻译馆，就翻译佛经。《鲁迅全集》开卷第一页，有蔡元培写的一篇序，其中有几句话写得不错，他说鲁迅是一个既博览又很谦逊的人，翻译了许多外国文学家的作品，翻译的作品占了他的全集的一半。所以，轻视这个工作和对这个工作的动摇都是不对的。

总之，延安时期，对马列主义经典著作的编译工作是在党的直接关怀下进行的。作为党的主要领袖，毛泽东以身作则，时刻强调理论工作者、马列主义经典著作翻译的重要性，高度重视马克思主义著作的翻译出版事业，因此促进延安迎来了马列著作翻译出版事业的高峰。

第三章

马克思主义理论文献的编译成果

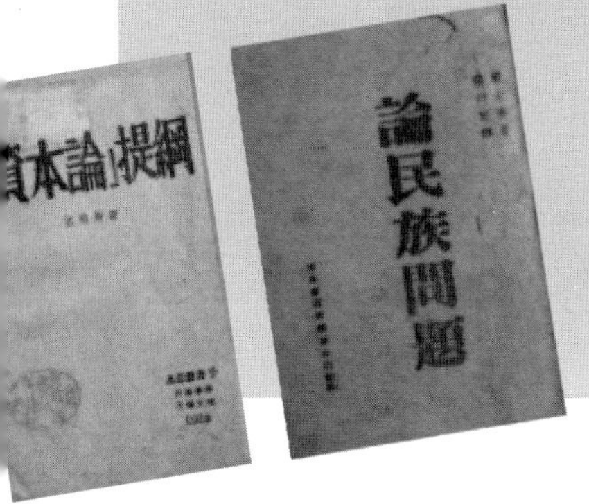

延安时期是马列经典著作翻译出版成果最丰富的时期之一，当时，马列主义经典文献的编译进入到系统编译和传播的阶段。在中共中央出台一系列支持马列经典文献翻译与出版的政策下，知识分子与翻译家们努力克服艰苦的编译条件，将多部马列经典文献以科学的方式编译出来。这些翻译作品经过出版与发行，流传于中国抗战大后方和各抗日民主根据地，给中华民族实现“转败为胜、转弱为强”的历史巨变提供了强大精神支柱与动力源泉。

一、马克思主义哲学、政治经济学、科学社会主义译著“齐开放”

与五四时期、建党初期相比，延安时期，马列著作的翻译出版在类别上更加齐全，在结合中国抗战的基础上，马列著作翻译涵盖哲学、政治经济学、科学社会主义等方方面面。这一时期，翻译出版马列经典著作的最大特点是与中国的抗战紧密联系，体现出鲜明的时代特色，正如陈有进、贾向云在《中国出版简史》所说的那样：

> 马克思恩格斯著作在中国的翻译出版是服务于中国革命的，这一点在新中国建立之前的革命战争年代尤其突出。也就是说，马克思恩格斯著作在中国翻译出版的规模、速度及形式等，绝对不是一种纯粹的文化现象或单纯的文人活动，而是和中国的社会变革实践、中国社会发展方向紧密联系的。

（一）马克思主义哲学著作

马列哲学著作翻译成果丰硕，翻译马列哲学著作的成员主要有艾思奇、何思敬、和培元、何干之、吴亮平、张仲实、柯柏年、王学文、董纯才、高士其、于光远等，他们在艰苦的翻译条件下，大量翻译了马列主义哲学著作，主要有以下成果：

《路德维希·费尔巴哈和德国古典哲学的终结》，这本书由恩格斯所著，张仲实于1937年翻译出来，同年12月在上海生活书店以《费尔巴哈论》为书名首次出版发行。延安时期，张仲实翻译的中译本一共有四种，1949年，解放社出版第四种译本，书名为《费尔巴哈与德国古典哲学的终结》。

《共产党宣言》，由马克思、恩格斯所著。在中国马列著作传播的历史上，《共产党宣言》无疑是出版与发行最广的，目前为止，它共有七个中文全译本，译者分别为陈望道、花岗、成仿吾与徐冰、博古、陈瘦石、乔本（乔冠华）、谢唯真。其中，在延安时期，主要有三个译本，即成仿吾与徐冰译本、博古校译本、陈瘦石译本。博古译本是在整风运动的形势下翻译的，博古响应党中央和毛主席的号召，采用较为科学的翻译方法，以成仿吾、徐冰译本内容为基础，同时参考其他文种，并进行多次校对，最终得以翻译完成。马克思主义在中国的传播历史中，新中国成立前马克思主义文献发行量最大、出版次数最多的是《共产党宣言》，而博古译本是“流传最广、印行最多、影响最大的一个版本”。当时博古译本的盛行对社会的影响深远，在当时的抗战局势下，为解放区和各抗日根据地的士兵和人民提供了精神食粮。

《反杜林论》，由恩格斯所著，第一个中文全译本由吴亮平译，在新中国成立前，吴亮平译本一共有九种。其中，延安时期，吴亮平受到毛泽东的鼓励，于1939年重新将该书校订一遍。这个新译本于1940年由解放社出版，第二年在国民党统治区得到出版发行，对中国的革命和社会主义事业的发展产生巨大影响。

《哥达纲领批判》，马克思著，由当时延安马列学院的学员何思敬、徐冰翻译，延安解放社1939年以《哥达纲领批判》为书名出版，作为马恩丛书第十种。该译本参考了前几个版本，书中收录了恩格斯1875年3月给奥·倍倍尔的信，该信批判了拉萨尔主义的错误观点。

《联共（布）党史简明教程》，联共（布）中央特设委员会编著，陈昌浩翻译，1939年由延安解放社出版。该译著对中国辩证唯物论研究影响很大。

全国抗战时期，在沦陷区和国统区，马列哲学著作也得到大量翻译和出版，主要成果如下：

《德意志意识形态》，延安时期，该书有多个译本，包括郭沫若译本、克士（周建人）译本和张仲实译本。郭沫若译本由上海言行出版社于1938年11月出版，内容包括《关于费尔巴哈的提纲》与《德意志意识形态》序言及第一章《费尔巴哈·唯物主义观点与唯心主义观点的对立》，这一版本是中国第一个用《马克思恩格斯文库》第一卷德文原文做蓝本的节译之单行本。周建人译本是周建人于1941年7月以英国劳伦斯与威沙特公司出版的阿多拉茨基版英译本为蓝本的《德意志意识形态》首章《费尔巴哈·唯物主义观点和唯心主义观点的对立》为内容摘译的。由张仲实翻译的《德意志意识形态》，书名为《费尔巴哈——唯物观与唯心观的对立》，即《德意志意识形态》第1卷中的序言和《费尔巴哈——唯物主义观点和唯心主义观点的对立》，这是中国第一个以阿多拉茨基版的英译本为蓝本的节译单行本。

《中国问题评论集》，马克思恩格斯著，1938年11月上海珠林书店出版。该书与《马克思与恩格斯论中国》第2章相同，即马克思恩格斯在《纽约每日论坛报》上发表的关于中国的17篇论文。

《读书偶译》，邹韬奋编译，1937年重庆生活书店出版，收有《唯物史观的解释》《唯物辩证法》《恩格斯的自白》三篇文章。其中《唯物史观的解释》主要摘译了马克思《〈政治经济学批判〉序言》，《唯物辩证法》摘译了马克思《资本论》德文第二版跋等。

《巴黎公社》，马克思著，郭和译，1940年11月海潮社出版。该书收入了马克思恩格斯著作四篇：一是恩格斯在德文版上第三版的序言（即《卡·马克思〈法兰西内战〉一书导言》），二是国际工人协会总务委员会关于战争的宣言（即马克思的《国际工人协会总务委员会关于普法战争的第一次宣言》），三是《国际工人协会总务委员会宣言〈法兰西内战〉（即马克思的《法兰西内战》），四是国际工人协会总务委员会关于普法战争的第二篇宣言。附录里还有马克思致顾格尔曼的两封信。

此外，还有《卡尔·马克思——人·思想家·革命者》（何封等译，1940年由读书出版社出版，其中收录了马恩著作5篇）、《辩证法与唯物论》（李大江编译，上海科学出版社出版）、《论辩证法》（恩格斯著，张申府编译，1941年在重庆的〈中国教育〉第一卷第七期上出版）等译著印行。

（二）马克思主义政治经济学著作

在政治经济学领域，延安知识分子群体积极主张马克思主义政治经济学中国化，运用马克思主义的政治经济学原理剖析旧中国经济，建立以研究中国经济为主题的"中国经济学"。该领域代表人物有何锡麟、沈志远、王思华、王学文、郭大力、王亚南等人，主要有以下翻译成果：

《雇佣劳动与资本》。当时该书有多个译本，其中包括王学文和何锡麟、王石巍译本、沈志远译本。前一个译本1939年译，正文分七章，每章有小标题，书名为《政治经济学论丛》，收入了《雇佣劳动与资本》、《价值、价格与利润》（即《工资、价格和利润》）、《〈政治经济学批判〉序》和《马克思底〈政治经济学批判〉》等经济学著作，1939年3月延安解放社出版。后一个译本书名是《雇佣劳动与资本》，于1939年8月由重庆生活书店出版，封面印有"世界名著印丛之七"字样，正文分八章，正文前有《卡尔·马克思〈雇佣劳动与资本〉1891年单行本导言》，是依据1933年莫斯科出版的俄文版《马克思恩格斯选集》翻译的。该译本出版后又多次重印，为新中国成立前重印次数最多的一个译本。

《资本论》。1930年至1938年，是《资本论》不同译本频现的时期，在近十年的时间内，实现了从摘译、分卷翻译到三卷全译本的问世。1932年至1936年，侯外庐、王思华合译了《资本论》第一卷。郭大力、王亚南合译的《资本论》三卷本是中国第一个完整的中文全译本。由郭大力、王亚南合译的《资本论》三卷本由读书生活出版社于1938年八九月全部出版，书名为《资本论》，副书名为《政治经济学批判》。第1卷于1938年8月出版，包括第1版序言、第2版跋、法文版序言、法文版跋、第3版序言、英文版序言、第4版序言及第1卷正文。第2卷于1938年9月出版，包括序言、第2版序言和第2卷正文。第3卷于1938年9月出版，包括序言和第3卷正文，书后附《译者跋》。该译本在中国得到多次重印，《资本论》的出版使人们认识到资本主义为社会主义所代替的历史必然性，促进了中国政治经济学的发展。

随着郭大力、王亚南合译《资本论》三卷本的出版，为进一步推动对《资本论》的研究和理解，这一时期，多本《资本论》辅助读物相继问世，主要有以下成果：

《恩格斯论〈资本论〉》。由章汉夫、许涤新翻译。该译本于1939年1月读书生活出版社出版，书名为《恩格斯论〈资本论〉》，包括了恩格斯的6篇著作：《卡·马克思〈资本论〉第一卷书评——〈民主周报〉作》《卡·马克思〈资本论〉第一卷书评——为〈双周评论〉作》《〈资本论〉第二卷序言拔萃》《〈资本论〉第三卷补》《〈资本论〉第一卷提纲》《对〈资本论〉第三卷第二十七章的增补》。

《〈资本论〉通信集》，马克思、恩格斯著，郭大力译，读书生活出版社1939年出版，书前有译者序，收入了25封马克思、恩格斯关于《资本论》的书信、恩格斯的《〈资本论〉述评》、马克思的遗稿《评瓦格纳〈经济学教程〉》和恩格斯的遗稿《〈资本论〉第三卷补》等。该书于1947年由读书出版社再版，印有“资本论研究丛书”字样。

《〈资本论〉提纲》，何锡麟译，自俄文翻译而成，1939年11月由解放社出版，作为马恩丛书第九种，包含《关于〈资本论〉的评论》《论〈资本论〉》（为《双周评论》作）、《〈资本论〉

第二卷序言》《〈资本论〉提纲》《〈资本论〉第三卷补遗》《〈资本论〉第三卷第二十七章补》。

《大众资本论》。1937 年王思华到达延安后，为广大党员和干部、八路军指战员和投奔抗日战争前线的革命知识分子，频繁讲解《资本论》和《政治经济学》。为使读者更好地学习和理解《资本论》的要义，王思华把《资本论》第一卷内容按章节通俗化，编写成《大众资本论》，于 1938 年 7 月由生活书店出版。

这一时期，还有《马克思主义经济学基础原理》（李达等人译）、《价值、价格和利润》（王思华译）、《政治经济学大纲（初稿）》（王学文、王思华、何思敬译）、《农业工作论文集》（匡亚明 1941 年译）、《劳动价值说易解》（马克思著，西流编译，由上海亚东图书馆出版）、《价值、价格与利润》（何学文、何锡麟、王石巍编译，由重庆生活书店出版）、《资本生产物的商品》（1940 年彭迪先编译，由重庆《理论与现实》第一期出版发行）等多部政治经济学著作被翻译出来，它们是马克思主义政治经济学中国化的结果。

（三）科学社会主义著作

在延安翻译马列主义经典著作的主要目的是为中国的抗战服务，因为科学社会主义经典著作在内容上紧密贴合中国的抗战现实，因此，以张仲实、柯柏年、博古等人为代表，共同翻译科学社会主义著作，主要有以下成果：

《家庭、私有制和国家的起源》，恩格斯著，张仲实译，1941 年学术出版社出版，书名为《家庭、私有财产及国家的起源》，印有“古典名著译丛”字样，为全译本。张仲实在翻译时曾参考了 1938 年明华出版社出版的《家庭、私有财产及国家之起源》版本，该译本在解放战争时期由生活书店、光华书店等多次印刷。

《社会主义从空想到科学的发展》，主要有两个译本，分别是吴亮平译本和博古译本。吴亮平译本于 1938 年出版，未署出版者，印有“马恩丛书”字样，书名为《社会主义从空想到科学的发展》，附有德文本初版序言、德文本第四版序言、英文版序言。之后中国出版社、生活书店等陆续出版。博古译本书名为《社会主义从空想到科学的发展》，附有德文本出版序言、德文本第四版序言、英文版导言。在解放战争时期，各地新华书店多次重印。

《社会发展史略》，恩格斯等著，解放社编辑出版，1943年11月出版印行。该书收入恩格斯、列宁等人著作四篇，即《从猿到人过程中劳动的作用》《有阶级以前的社会》《资本主义以前的各种剥削方式》及《论国家》。1946年以后大众书店、各地新华书店等相继翻印。

《共产主义常识》，马克思、恩格斯、列宁斯大林著，解放社编，1945年新华书店出版，分为4分册，即《怎样认识历史时期和时代》《什么是共产主义》《答复对共产主义的误解》《革命者的修养》，1948年东北书店翻印。

在沦陷区和国统区，《帝国主义论（新订本）》（1937年吴清友编译，由新知书店出版）、《左派幼稚病》（1938年纪华编译，由汉口中国出版社出版）、《二月革命到十月革命》（莫师古编译，由生活书店出版）、《马克思与民族问题》（谢唯真编译，由《群众》周刊第二卷第五期出版）、《弗里德里希·恩格斯》（由上海亚东图书馆出版）、《列宁历史的唯物论》（郑九星专题文摘，由上海启蒙出版社出版）、《论世界大战》（刘少严1939年编译，由上海亚东图书馆出版）等多部科学社会主义著作也被翻译出版。

（四）其他编译类著作

除了经典的马克思恩格斯的哲学、政治经济学、科学社会主义方面的著作外，马克思恩格斯关于军事战争、文学艺术、国际共产主义运动等问题的论述，也开始以专题集、选集的新形式在中国翻译出版，成为最受人们欢迎、最容易为人们学习接受的内容和形式。

在马列主义文艺著作方面，主要有《马克思恩格斯列宁论文艺》[曹葆华和兰天（即王名衡）译、周扬编校]、《马克思主义与文艺》（周扬翻译并编写，该书选辑了马克思、恩格斯、列宁等领导人对文艺的论述）、《马恩科学的文艺论》（由欧阳凡海编译，该书选入了马恩的四封文艺书信）、《列宁论文化与艺术》（上册）（萧三编译）等翻译成果。

在军事领域，以焦敏之、曾涌泉、曹汀、何思敬、吴亮平、刘云、王石巍、柯柏年、李铁冰等人为代表。翻译的军事著作主要有：《冲锋》与《军队论》（恩格斯著，焦敏之译）、《恩格斯军事论文选集（第一册）》（恩格斯著，焦敏之译，曾涌泉校）、《暴力在历史中的作用》和《1870—1871 年普法战争》（恩格斯著，曹汀译，何思敬校）、《1848 年至 1850 年的法兰西阶级斗争》（马克思著，1942 年柯柏年翻译）、《法兰西内战》[延安时期，有两个译本，分别是吴亮平和刘云（张闻天）译本、郭和译本]、《德国的革命与反革命》（恩格斯著，王右铭、柯柏年译，1939 年上海书店出版）、《德国农民战争》（恩格斯著，钱亦石译、仲壁校，1938 年 7 月生活书店出版）、《马克思列宁论战争与军队》（八路军抗日战争研究会编译处编，焦敏之译）、《拿破仑第三政变记》（1940 年柯柏年译）、《社会主义与战争》（1940 年杨松、袁维、许之桢、林仲译）、《国家与革命》（1943 年博古译）等。

二、马恩列斯“大合唱”

延安时期，马列主义经典著作在中国的翻译与出版进入了一个选择性、针对性更加突出的新阶段，翻译成果多以专题集、选集、丛书等形式呈现。同时，这一时期还加大了对列宁、斯大林著作的翻译，进一步推动了马列主义在中国的传播和影响。

（一）延安时期我国对马恩著作的编译

延安时期，在较为稳定的环境下，对马列主义的编译多以专题集、选集和丛书等新形式呈现。1938 年 5 月 5 日，马列学院在马克思诞辰纪念日成立，其编译部是我党历史上第一个编译马列主义经典著作的专门机构，党中央还把每年的 5 月 5 日定为学习节。在张闻天的带领下，编译机构有条不紊地开展编译工作，以专题集的方式来呈现的编译成果主要有：

《马克思恩格斯论中国》，是第一本中文版的马、恩关于中国的论文集。这本论文集最早由莫斯科外国工人出版社于 1937 年出版，译者是方乃宜。鉴于这个版本难以运送到中国来，我党在 1938 年又以解放社的名义在延安和汉口出版。这本论文集开头部分是关于古代东方与中国的马、恩著作摘译。接着是包括《鸦片战争》等论文在内的十七篇有关中国的论文，最后一部分又是关于世界贸易与中国的摘录。它既是指导中国革命的理论著作，也是指导殖民地半殖民地人民革命运动的重要文献。

《政治经济学论丛》，王学文、何锡麟、王石巍译，1939 年 3 月由延安解放社出版。书中收入的文章有：《雇佣劳动与资本》《工资、价格和利润》《卡·马克思〈资本论〉第一卷书评——为〈民主周报〉作》《〈资本论〉第二卷序言摘译》、《资本主义积累的历史趋势》《〈政治经济学批判〉序言》《卡尔·马克思〈政治经济学批判〉》。

《马恩科学的文学论》，由欧阳凡海编译，该书选入了马、恩的四封文艺书信，即《马克思给拉萨尔的信》《恩格斯给拉萨尔的信》《恩格斯致玛·哈克奈斯》《致保·恩斯特的信》，以及希尔莱尔的两篇文章，即《马克思与世界文学》《恩格斯底现实主义论》。

《马克思恩格斯列宁斯大林思想方法论》，延安中央研究院和中央政治研究室合编，由吴亮平、柯柏年、艾思奇、张仲实等参编，摘录了马克思、恩格斯、列宁、斯大林的有关著作，该书分为四章：一是马克思主义的历史特点，二是理论联系实际，三是历史科学地创造，四是国际经验、民族特点、革命传统。该书 1942 年由延安解放社出版，后又由华北新华书店翻印发行。1949 年 2 月，被中共中央确定为十二本“干部必读”书之一。据张仲实在回忆他的编译生涯时说：

1942 年一天，在毛泽东办公室参加了他召集的《马恩列斯论思想方法》一书编辑会议，到会者有艾思奇、吴亮平、柯柏年等。会议决定：大家分头找材料，由一个人整理编辑，最后送毛泽东审阅。后来毛泽东看了这份整理的初稿，认为不适用。他自己重新编辑最后成书。这就是后来流行的《思想方法论》。

除了以专题集呈现外，这一时期马列主义经典著作的编译成果还以选集的方式呈现。这种类型的翻译成果大多以俄文为原本，经过多方校阅来完成。

《马克思文选》，20 世纪 30 年代中期，苏联人首先编辑出版两卷本《马克思文选》。在中国，虽然许多著作有了中译本，但是因为翻译质量问题，仍需要补译。因此在张闻天的带领下，延安马列学院编译部人员，徐冰、成仿吾等参与了这项翻译工作。据翻译家柯柏年回忆：

那时，苏联出版了《马克思文选（两卷集）》，其中有些著作虽已有中译本，但需要改译；许多著作还没有译成中文，需要补译。……从一九三八年到一九四〇年，我们用了近三年的时间把这两卷集德文选统统译完了。

《恩格斯军事论文选集（第一册）》，1939 年底，焦敏之翻译的《恩格斯军事论文选集（第一册）》，由八路军军政杂志社列为“抗日战争参考丛书”第四种，在延安出版。这本选集收入了恩格斯的五篇军事著作：《军队》《步兵》《炮兵》《骑兵》和《欧洲军队》。它是我国翻译出版的第一本恩格斯的军事论文集。

《马克思恩格斯关于唯物史观的书信》艾思奇、景林译，收有 1848 年—1893 年的 9 封信。

《马克思恩格斯及马克思主义》王石巍、柯柏年译，收集了关于马克思、恩格斯生平和思想的文章共 34 篇，有列宁的《纪念恩格斯》《卡尔·马克思》《马克思学说的历史命运》《马克思主义底三个来源与三个组成部分》等。

《马恩通信选集》柯柏年、艾思奇、景林等译，主要包括《为无产阶级政党而斗争的信》收有 1864 年—1885 年的 17 封信。

以丛书的形式出版马克思、恩格斯著作，最早可以追溯到中国共产党成立初期。1921 年 9 月，中国共产党的第一个出版机构——人民出版社在上海成立。该出版社在成立后不久即公布了一个出版计划，准备出版“马克思恩格斯全书”15 种，除《马克思传》外，包括马克思的著作 11 种、恩格斯的著作 1 种、马克思恩格斯合著的著作 2 种。后来由于翻译条件的限制，这个计划并未得以完成。直到延安时期，随着翻译条件的改善，中国对马列主义经典著作的翻译才开始以丛书的形式呈现，主要有以下成果：

《马克思恩格斯丛书》，1938 年到 1942 年，延安马列学院编译部学员编译了一套马克思恩格斯丛书，均由延安解放社出版，具体包括：

《社会主义从空想到科学的发展》（丛书第三种，恩格斯著，吴黎平（吴亮平）译，1938 年 6 月出版）。

《共产党宣言》（丛书第四种，马克思恩格斯合著，成仿吾、徐冰合译，1938 年 8 月出版）。

《法兰西内战》（丛书第五种，马克思著，吴黎平（吴亮平）、刘云合译，1938 年 11 月出版）。

《政治经济学论丛》（丛书第六种，马克思恩格斯合著，王学文、何锡麟、王石巍合译，1939 年 3 月出版）。

《马恩通信选集》（丛书第七种，柯柏年、艾思奇、景林等译，1939 年 6 月出版）。

《德国的革命与反革命》（丛书第八种，马克思著，柯柏年、王石巍合译，1939 年 4 月出版）。

《〈资本论〉提纲》（丛书第九种，恩格斯著，何锡麟译，1939 年 11 月出版）。

《哥达纲领批判》（丛书第十种，马克思著，何思敬、徐冰合译，1939 年 12 月出版）。

《拿破仑第三政变记》（丛书第十一种，马克思著，柯柏年译，徐冰校，1940 年 8 月出版）。

《法兰西阶级斗争》（丛书第十二种，马克思著，柯柏年译，1942 年 7 月出版）。

《抗日战争参考丛书》，这套丛书由延安八路军军政杂志社从 1939 年起陆续出版，其中收录的马、恩著作有：《恩格斯军事论文选集》（焦敏之译，曾涌泉校）；《新德意志帝国建设之际的暴力与经济》（即恩格斯的《暴力在历史中的作用》，曹汀译，何思敬校）；《1870—1871 年普法战争》（曹汀译，何思敬校）。

这一时期，在沦陷区和国统区，知识分子和翻译家们也翻译了大量马列主义经典著作，主要有如下成果：除了上文述及的郭大力、王亚南合译的《资本论》三卷本外，还有 1939 年、1940 年读书出版社出版的《资本论通信集》《〈资本论〉补遗勘误》（郭大力译）、1938 年 11 月以言行社名义再版的《德意志意识形态》（郭沫若译）、1947 年读书生活出版社出版的《恩格斯传》（郭大力译）。

此外，国统区还编译出版了“世界名著译丛”。如生活书店出版的“世界名著译丛”包括《社会主义从空想到科学的发展》《价值价格与利润》和《拿破仑第三政变记》以及钱亦石早年翻译的《德国农民战争》，等等，还有“青年自学丛书”“战时大众知识丛

1

2

3

123_

延安时期出版的部分经典著作

书”“战时社会科学丛书”和“中国文化社丛书”、等等共20种。

总体而言，这一时期对马、恩著作的翻译与出版涵盖哲学、文艺和军事等多个领域，紧密结合中国抗战的实际需求，以专题集、选集、丛书等方式出版，马、恩著作的翻译呈现系统整理的特点。

（二）延安时期对列宁著作的编译

在抗战如此困难的条件下，中国共产党一方面团结中国人民抗日，另一方面，加大对列宁文献的翻译力度，扩大列宁主义在中国的影响和传播，从而推动中国抗战局势向着良好形势发展。

全国抗战时期，延安解放社出版了知识分子和翻译家翻译的《什么是列宁主义（第一册）》和《什么是马克思主义》《列宁选集》《论游击战争》《社会主义与战争》《列宁论战争》《列宁〈克劳塞维茨战争论〉》等列宁著作，其中“《列宁选集》是我国首次用文集形式出版的列宁著作”。此外，延安的一些报刊，如《解放日报》、《解放》周刊、《中国工人》杂志、《八路军军政杂志》等也曾先后发表过数量较多的列宁著作中译文。仅《解放》周刊就发表过《纪念恩格斯》《马克思学说的历史命运》等9篇中译文。在国统区，即使国民党加大了对马列主义著作的查禁，但以三联书店为代表的出版机构还是排除万难出版了《列宁家书集》《帝国主义论》《从二月革命到十月革命》《左派幼稚病》《社会主义与战争》《克劳塞维茨〈战争论〉笔记》《列宁论战争》《卡尔·马克思》《列宁论文化艺术》等著作。

解放战争时期，列宁的《帝国主义是资本主义的最高阶段》《国家与革命》《共产主义运动中的“左派”幼稚病》《列宁斯大林论中国》四本著作，作为“干部必读”的一部分，在各解放区得到大量翻译与出版。在国民党统治区，列宁的《论民族问题》（张仲实译，1946年出版）与《卡尔·马克思》也被编译出版。这个时期出版的列宁著作共达66种，列宁的主要著作在全国解放以前都有了中译本。这一时期，还以丛书的形式翻译出版了“列宁丛书”，这套丛书主要包括：《列宁主义问题》《列宁主义概论》《国家与革命》《从二月革命到十月革命》《共产主义运动中的“左派”幼稚病》《两个策略》六本。

综上，可以看出随着翻译条件的不断成熟，较五四时期和建党初期，我国对列宁著作的编译力度不断加大，但从编译成果来看，编译还处于一个比较零散的阶段，未进行系统的整理、翻译与出版。

（三）延安时期对斯大林著作的编译

延安时期，对斯大林著作的翻译与出版是最多的，斯大林的很多著作都谈到了中国的抗战，同时斯大林著作也侧重于军事领域，因此，对斯大林著作的翻译与出版无疑是有助于中国抗战的，它有利于激发中国人民的民族意识，坚定中国革命必将取得胜利的信心。

全国抗战时期，斯大林的著作开始更多地和更系统地被介绍到中国来。在抗日民主根据地，斯大林的著作不断被翻译、出版与翻印，其中由解放社出版的斯大林著作主要有：《斯大林选集（5 卷本）》《列宁主义问题》《列宁主义概论》《马克思主义和民族问题》等。抗日根据地和国民党统治区，斯大林著作也不断得到翻译与出版，主要有：《今日之苏联》（叶非木译）、《论反对派》（1939 年东方出版社重印）、《论列宁》（张任远译，辑印 3 篇）、《斯大林言论选集》（汉口中国出版社出版）、《最新联共党史（前史部）》（吴清支译，1939 年生活书店出版）、《论民族问题》（张仲实译，此书收集斯大林所有关于民族问题的言论编辑而成，1941 年晋察冀新华书店重印）。

1939 年苏联出版了《联共（布）党史简明教程》一书，由莫斯科外文出版局出版了中文本在我国发行。在中国，该书的第一个中译者是博古，书名为《辩证唯物论与历史唯物论》，1938

年 12 月由中国出版社刊印。1939 年延安解放社刊印了经博古校阅的《联共（布）党史简明教程》中译本。《联共（布）党史简明教程》中译本在我国得到多次出版与重印，对我国唯物论研究的意义很大。

1942 年，延安整风运动开始，中国共产党以整风运动的形式在全党进行马列主义教育。《斯大林论党的布尔什维克化》《联共（布）党史简明教程》《斯大林论领导与检查》《斯大林论自我批评》《列宁、斯大林等论党的纪律与党的民主》《斯大林论平均主义》等是这一时期的整风文献。

斯大林的著作很多都谈论到了中国，结合抗战实际，大量翻译与出版斯大林关于中国的著作就有了直接的需要。延安时期，知识分子主要翻译了《列宁、斯大林、共产国际论中国》《列宁斯大林论中国》《关于列宁主义底问题》等著作。

在苏联卫国战争时期，斯大林发表了很多演说和文告，我国也对其进行了翻译，例如《斯大林言论集·论苏联伟大卫国战争》（上海时代社 1945 年出版）、《胜利冲昏头脑》（中共晋绥分局出版）等。

1946 年 3 月 15 日和 21 日，延安《解放日报》和重庆《新华日报》先后刊载了《斯大林评丘吉尔的演说》，1949 年晋南书店出版了该书。1946 年，大连中苏友好协会编辑出版了《斯大林报告全文——1943 年斯大林选区选民大会上》和《论列宁》（辑印 3 篇）。新华书店晋察冀分店出版了《斯大林最近的言论》。

1947 年，上海时代出版社出版《斯大林答复国际重要问题》，东北军政大学总校训练处出版《列宁主义概论》（辑印 5 篇），东北书店出版《马克思主义与民族问题》。同年，苏联大使馆新闻处出版《斯大林论战后国际关系》。1947 年，曹宝华翻译了斯大林的《无政府主义还是社会主义》。

综上，可以看出，无论是在抗战时期的延安，还是在国统区，以至解放战争时期的各解放区，虽然对斯大林文献的翻译与出版规模不断加大，但这一时期对斯大林著作进行系统整理，以专题集、选集和丛书等形式呈现的编译成果较少。

第四章

马克思主义理论文献编译成果的传播

有了学问，好比站在山上，可以看到很远很多的东西，没有学问，如在暗沟里走路，摸索不着，那会苦煞人。

——毛泽东

毛泽东的这句话，充分说明了理论对于实践的重要性，同时也表明了中国共产党人对于理论学习的重视程度。中国共产党自建立以来就非常重视马列经典文献的编译和传播，因为，自近代以来，中国人民在长期探索的历史过程中认定马克思主义是唯一能救中国的真理。然而，在中共中央进驻延安以前，由于连年征战以及受反动当局的镇压和查禁，加之马克思主义著作的中译本很少，中共党内多数同志没有系统地学习过马克思主义。这使得中国共产党自成立以来在开创了中国革命轰轰烈烈的伟大局面的同时，也遭遇了一系列严重挫折，特别是“左”倾教条主义错误给党和红军造成了重大损失。因此，延安时期，对中国共产党而言，在实践中总结革命的经验教训，进一步把马克思主义科学理论与中国革命实践结合起来尤为重要。到延安后，由于社会环境比较安定，党内环境也相对稳定，毛泽东向全党提出了深入学习马克思列宁主义的任务，他在1938年发表的《中国共产党在民族战争中的地位》一文中说：

普遍地深入地研究马克思列宁主义的理论任务，对于我们，是一个亟待解决并必须解决的大问题。我希望从我们这次中央全会之后，来一个全党的学习竞赛，看谁真正地学到了一点东西，看谁学得更多一点，更好点。在担负主要领导责任的观点上说，如果我们党有一百个至二百个系统地而不是零碎地、实际地而不是空洞地学会了马克思列宁主义的同志，就会大大提高我们党的战斗力量，并加速我们战胜日本帝国主义的工作。

在毛泽东的倡导下，以毛泽东为首的党中央利用抗战的相持

毛泽东在延安给干部作报告

阶段，根据地时局相对稳定的环境以及延安特殊政治地位，开展了我党历史上前所未有的学习运动，掀起了马克思列宁主义在中国传播的热潮，马克思主义的真理之光就在延河之滨乃至全国散发出夺目的光芒。

延安时期，马克思、列宁主义著作的编译和传播，既是革命实践的需要，也是应对国民党的宣传封锁、争夺意识形态主阵地的需要。当时，国民党为了维护其反动统治，对共产党采取了全面的宣传封锁，查禁书籍多达3000多种，主要涉及马列著作、中国共产党领导人的著作、“为中共做夸大宣传”的国际友人的著作，等等。面对国民党的宣传管控，中国共产党坚持翻译出版马列著作，从舆论上与国民党形成对抗，在意识形态领域树立了自己的旗帜。

这一时期，马克思主义经典著作编译成果的传播，概括说来主要是通过以下途径：一是依靠专门的图书出版机构，如解放社、新华书店等；二是充分利用党报、党刊、杂志、广播，如《解放》周刊、八路军军政杂志社等；三是开办各类党校和政治军事学校，如中国人民抗日军政大学、鲁迅艺术学院等；四是成立学术研究团体，如延安新哲学研究会、克劳塞维茨《战争论》研究会、《资本论》学习小组、陕甘宁边区自然科学研究会等。通过以上途径，马克思主义得到了大规模的广泛传播，为中国共产党学习马列经典、探索革命真理提供了理论读本，促进了中国革命的进程。

一、依靠“解放社”等专门的图书出版机构

延安时期，专门的图书出版机构主要有解放社、新华书店、华北书店、大众读书社等。其中，解放社是中共中央在延安设立最早的也是出版书刊最多、影响最大的一个出版机构。

（一）“解放社”二三事

1938 年 1 月，中共中央在延安创办了“解放社”，它是一所综合性出版机构，出版的读物主要包括马克思列宁主义经典著作、党的文献以及政治读物。解放社的前身是《解放》周刊社，该社由中央党报委员会创建于 1937 年 4 月，其发行科以新华书店的名义对外联系，同时发行了《解放》周刊。自 1938 年 1 月以后，因《解放》周刊无法保证每周按期出版，遂改名为《解放》，编辑部也由原来的《解放》周刊社改为解放社。为了更好地开展出版工作，中共中央于 1939 年 9 月在延安成立了中共中央出版发行部（后改为中央出版局），统一领导党的出版发行工作。该出版发行部编印的马克思、恩格斯、列宁、斯大林、毛泽东等重要领导人的著作，以及中共中央的文献及其他重要著作，都以解放社的名义出版发行，一般的社会科学读物则用新华书局的名义出版。直至 1950 年 12 月，人民出版社重建（人民出版社最早于 1921 年 9 月由中国共产党在上海创办，但仅存在了 2 年时间），

解放社停止工作。解放社自 1937 年创立至 1950 年 12 月被人民出版社代替，共存在了 12 年。在它短暂的 12 年生涯中，解放社出版发行了大量的马列主义经典著作，为马列主义经典著作在中国的传播作出巨大贡献。

解放社成立之初，即出版发行了《什么是马克思主义》和《什么是列宁主义》。这两本书实际上是马克思、恩格斯、列宁、斯大林等革命导师的言论汇编，对于广大干部和普通民众而言，能够阅读革命导师们原汁原味的话语和言论，这为他们学习和研究革命导师的理论思想、为中国人民学习掌握革命的思想武器提供了第一手的资料，因而备受人们的欢迎。一时间，解放社成为马列主义经典著作出版的主阵地，出版发行了大量的马列主义经典著作。

1

馬克思，恩格斯論中國

著者 馬克思 恩格斯
出版者 解放社
發行者 新華書店 上海福州路三九〇號
印刷者 新華印刷廠

0514

1—1,0000(滬1) 1950年5月

2

1_
《解放》封面
2_
《马克思·恩格斯论中国》版权信息

1938年4月，解放社刊发了由方乃宜翻译的《马克思·恩格斯论中国》，这部书是第一部中文版的马克思恩格斯关于中国问题的论文集。这本论文集最早由莫斯科外国工人出版社于1937年出版，鉴于这个版本难于运送到中国来，1938年又以解放社的名义和中国出版社的名义在延安和汉口出版。这本书是指导中国革命的重要理论文献，因此它在中国的出版意义重大。此外，解放社于1938年出版发行了由艾思奇翻译的《马克思恩格斯对于唯物史观的书信》，先后在《解放》杂志第52、53、54、56期上发表，后来被收入《马恩通信选集》。《马恩通信选集》则是由柯柏年译自阿多拉茨基于1933年编辑的莫斯科版的《马克思文选》中的部分书信，共收入书信31封，并按不同主题划分为四个部分，分别是《为无产阶级政党而斗争的书信》《关于唯物史观的书信》《论爱尔兰问题》和《论俄国》。

除了上面提到的这些零散的著作以外，解放社在对马列经典著作传播方面作出的突出贡献在于有计划地、系统地出版了一系列的马列经典著作，即颇具影响力的“两大丛书”和“两大选集”。其中，“两大丛书”指的是“马克思恩格斯丛书”和“抗日战争丛书”。在1938年6月至1942年7月期间，解放社以“马克思恩格斯丛书”的名义陆续出版了一系列马克思、恩格斯的重要著作，如下表所示：

时 间	书 名	译 者
1938年6月	《社会主义从空想到科学的发展》	吴黎平
1938年8月	《共产党宣言》	成仿吾、徐冰
1938年11月	《法兰西内战》	吴亮平、刘云
1939年2月	《哥达纲领批判》	何思敬、徐冰
1939年3月	《政治经济学论丛》	王学文、何锡麟、王石巍
1939年4月	《德国的革命与反革命》	柯柏年
1939年6月	《马克思恩格斯通信选集》	柯柏年、景林、艾思奇
1939年11月	《〈资本论〉提纲》	何锡麟译、王学文校
1940年8月	《拿破仑第三政变记》	柯柏年译、吴黎平校
1942年7月	《法兰西阶段斗争》	柯柏年

在这些著作中，《社会主义从空想到科学的发展》这部著作之前虽有两种旧译本，但是遗憾的是，旧译本没有把德文版的改动反映出来。吴亮平的新译本不仅弥补了这一缺陷，而且还新增了 1882 年德文第一版、1891 年德文第四版和 1892 年英文版的三篇序言。

由何锡麟翻译的《〈资本论〉提纲》中，除了恩格斯写的《卡尔·马克思〈资本论〉第一卷提纲》以外，还有关于《资本论》一卷的两篇书评和《〈资本论〉第三卷增补》等文章，这部著作经过时任马列学院副院长的王学文校订后得以出版。

由陕北公学校长成仿吾和《解放日报》编辑徐冰合译的《共产党宣言》是第一个根据德文原著翻译的版本，也是成仿吾第二次翻译《共产党宣言》。早在 1929 年初，成仿吾在德国求学期间，受蔡和森书信之托，他就把《共产党宣言》译出并把译稿交给一个德国共产党员带往莫斯科，打算在莫斯科外文出版局出版。可惜，在此期间蔡和森已经回国，不久后又壮烈牺牲。这份译稿也就下落不明了。这次和徐冰合译的《共产党宣言》终于在延安解放社出版，也算是了却了他的一桩心愿。这个版本当时不仅在解放区，而且在国统区都一再翻印发行。

这套“马克思恩格斯丛书”是我国出版史上第一次将马克思、恩格斯的成果按照著作、文章与书信分门别类后以丛书的形式予以出版的，也是我国出版史上最早的较为系统地出版的马恩著作丛书。正如时任《群众日报》秘书主任的常紫钟先生在《延安时代新文化出版史》一书中所言：“这在马列主义的传播史上不能不说是一种创举。以这种形式出版不仅使人有种新鲜感，而且具有使人过目难忘的魅力。”“马克思恩格斯丛书”挑选了马克思、恩格斯的代表成果，汇集了马克思、恩格斯的重要著作，为当时广大干部学习和了解马克思主义基本理论，掌握马克思主义立场、观点和方法，特别是用历史唯物主义的观点去分析和研究中国革命中的问题提供了最为有力的武器，为全党系统地学习马克思主义提供了条件。

“抗日战争丛书”包括1938年出版的由毛泽东等著的《抗日游击战争的战略问题》、1938年7月出版的《论持久战》、1939年出版的《抗日游击战争的一般问题》以及1938年由朱德撰写的《论抗日游击战争》。其中，《论持久战》是毛泽东在总结抗日战争初期经验的基础上，针对国民党内部分人的“中国必亡论”和“中国速胜论”，以及中国共产党内部分人轻视游击战

1

2

列寧選集 ★ 第七卷
一九三九年八月
定價：白報紙本㊉3·10
嘉樂紙本㊉2·10
出版者： 解 放 社
總經售：新 華 日 報 館
版權所有 ★ 翻印必究

3

1_
《共产党宣言》封面
2_
《论持久战》封面
3_
《列宁选集》版权信息

的倾向，系统地阐述了中国实行持久战以获得对日作战胜利的战略。《论持久战》科学地论证了抗日战争的发展规律，阐明了争取抗战胜利的道路，批判了对抗战的各种错误认识，从思想上武装了全党全军和人民群众,坚定了中国人民争取抗战胜利的信心，是指导全国抗战的理论纲领。

“两大选集”主要指的是《列宁选集》和《斯大林选集》。其中，《列宁选集》的刊印堪称盛事。据国内专家仔细考究，最早的中文版《列宁选集》，是由莫斯科苏联外国工人出版局 和延安解放社出版的，其母本均是 6 卷本的俄文版《列宁选集》。延安解放社完成了苏联外国工人出版局没有翻译完的工作，但翻译虽然完成，原计划出版的 20 卷却因故没有全部问世，究竟实际出版了多少卷，学术界目前也无定论。根据《延安时期图书简目(1937—1948)》中提供的材料，该简目中有关延安时期解放社出版《列宁选集》的具体情况如下表所示：

卷 次	出版时间	备 注
12	1937 年 7 月；1938 年 1 月	翻印
9	1938 年 1 月；1939 年	翻印
7	1938 年 1 月	翻印
8	1938 年 1 月，1839 年 2 月	翻印
13	1938 年 2 月	翻印
10	1938 年 3 月	翻印
3	1938 年 5 月	翻印
5	1938 年 8 月	翻印
2	1940 年 5 月	
4	1941 年 6 月	
11(上)	1942 年 3 月	
17	1942 年 3 月	
6	1942 年 7 月	翻印
1	1942 年 12 月	
11(下)	1945 年 7 月	
16	1945 年 7 月	
18	1946 年 11 月	

根据该简目，这个时期，由解放社出版的《列宁选集》共16卷(17册，其中第11卷包括上、下两册)；在这个表的备注栏中有“翻印”二字的，指的是根据苏联外国工人出版局出版的《列宁选集》汉文版翻印的，这样的书共8卷(即第3、5、6、7、8、9、10、12、13卷)。据《列宁著作在中国》这本书介绍，《列宁选集》(16卷)是根据联共(布)中央马克思恩格斯列宁学院编的《列宁选集》俄文版6卷集编译的，原计划编20卷，于1931—1934年在莫斯科由苏联外国工人出版局出版了一部分。解放社的版本，一部分是根据苏联外国工人出版局的版本重印的，一部分是由何锡麟、柯柏年、王实巍、吴亮平、林仲等人翻译的，实际出版16卷，第14、15、19、20卷没有出版。第4、11(下)、16、17卷由英译本转译，第18卷由德译本转译，其余都是由俄文版翻译的。

解放社出版的《列宁选集》(16卷)打开了列宁主义在中国传播的新局面，为中国读者能够根据列宁本人的著作系统地掌握列宁的学说，以提高自己的政治水平和理论素养提供了可靠的材料，为中国革命的胜利提供了科学的理论指导。

此外，解放社还在1939年出版了5卷本的《斯大林选集》。

《斯大林选集》封面

据张静庐在其著作《中国现代出版史料·丙编》中的介绍，该选集辑译了斯大林重要著作59篇，全书共1768页，这一选集后来多次翻印流传，中国人民得以比较有系统地学习斯大林的学说。

据统计，解放社在抗战时期出版图书125种，其中马克思著作（含马恩合著）11种，恩格斯著作4种，列宁著作11种，斯大林著作9种，关于马列主义论述与研究的著作9种，季米特洛夫著作1种，总共45种。多卷本的《列宁选集》和《斯大林选集》各做一种统计，若按册数统计，比例还要大。如果没有比较完善成熟的编辑、校对、排版、印刷等工作体系，完成如此大规模的图书出版工作几乎是不可能的。正如1940年发表在《解放》（周刊）上的一篇社论所说（此社论为纪念《解放》周刊出版一百期而作）：

> 解放社所出版的书籍，在理论上的贡献，对于整个中国革命的发展，是有非常重大的意义的。

《新华书店》旧址

（二）新华书店“大有作为”

延水河畔，三山鼎峙：宝塔山、凤凰山、清凉山。在清凉山靠延河的一面，有个万佛洞，今天已成为延安的一个旅游点。这里是新中国新闻出版事业的摇篮，是新华书店的发祥地，延安清凉山新闻出版革命纪念馆就坐落在这里。1937 年 4 月 24 日，新华书店在革命圣地延安的清凉山创立。作为中共中央出版委员会发行部的对外机构，中央机关刊物《解放》的发行机构，新华书店承担着党的书报期刊出版发行任务。自 1937 年创立至 1947 年 3 月国民党胡宗南军进犯，新华书店总店随中央机关撤离，新华书店在延安整整十年。这十年，新华书店在抗日的烽火、解放的硝烟里成长，经历了从无到有，从小到大，从陕甘宁边区到面向全国的过程，为夺取抗日战争和解放战争的伟大胜利，为马列主义、毛泽东思想的传播贡献了力量。

新华书店原本是中央党报委员会的发行科，起初该委员会设在延安北门外，为了防备日机轰炸，于 1937 年 7 月迁到清凉山万佛洞。发行科在万佛洞底层的一个小石窟开设了门市部，新华书店就在这里开始营业。由于物质条件和地理空间的限制，这个门市部同时充当了发行科的办公室，又是出版科副科长黄植和发行科长兼支部书记涂国林的卧室。万佛洞门市部的设施特别简单，白天，将一张桌子往门口一放，既充当办公桌，又是卖书的柜台。桌子下面、床铺上面、旮旯拐角，到处都是零售的书刊。书库设在上边万佛洞主窟右后侧的小石窟，与门市之间蜿蜒着一条崎岖的山径。收进的书要入库，库房的书陆续要上门市，搬上搬下，每天都得跑好多次。

清凉山较偏僻，为方便读者，10 月间，新华书店在比较热闹的延安南大街开设了一个小小的门市部。地址在现在的延安大礼堂往南，延安地委机关驻地往东，原陕甘宁边区政府驻地的崖畔下边。《解放》周刊第二十一期刊登新华书店的地址“延安南大街”，指的就是这里。

新华书店从问世那一天起，就以宣传马列主义、毛泽东思想，宣传中国共产党的政策为己任。据叶林于1940年在《三年来的新华书店》一文中记载：

三年来我们发行的出版物，有解放社书籍一百三十余种，其他出版机关的丛书三十余种，另外发行《新中华报》《群众报》等数种报纸，《解放》《军政杂志》《中国文化》《中国工人》《中国青年》《中国妇女》《团结》等近十种杂志。总计发行延安出版之书籍不下五十万册，杂志及报纸不下数百万份。然而把延安的出版物，介绍到外边去，这只是我们工作的一方面，客观情势的发展，要求我们把外界出版物介绍到边区来。……就目前而言，我们发行的外版书报，有国内各大出版机关和苏联外国工人出版局的社会科学、文艺和其他各类书籍三百余种，杂志四十余种，报纸(包括代订)二十余种，外国之书籍及刊物报纸十四种。

由此可见，新华书店不仅承担着将马列主义思想和我党的政策方针“输出去”的任务，同时还承担着“引进来”的任务，正是在这种双向互动中，新华书店更加有力地加强了陕甘宁边区同国统区、沦陷区的信息交换，极大地促进了马克思列宁主义的传播。

随着《解放》周刊和马列丛书发行数量的增多和发行范围的扩大，新华书店的影响很快扩及陕西、山西、河北、山东、河南、甘肃、四川、湖北、江苏、上海等十几个省市。它发行的书刊像锐利的钢刀，插入敌人心脏；像革命的种子，撒遍祖国大地。人民需要它，敌伪害怕它。1937年10月，陕西国民党的教育厅下令“查封延安新华书店和解放周刊”，并派军警强行封闭了《解放》周刊在西安从事发行业务的办事处，还在三原、西安等地搜查没收这个刊物。为此，1937年10月30日出版的第二十一期《解放》周刊“时评”专栏发表了《抗议解放周刊的查禁》一文，向

"西安当局及南京最高当局提出严重抗议"，向"全国抗日同胞作最愤慨的声诉"。经八路军南京办事处与国民党中央宣传部交涉才"和解了事"。

1940年11月14日，中共中央机关报《新中华报》发表叶林写的《三年来的新华书店》，较全面地总结了1937年5月到1940年11月三年多来新华书店发展的历史，并且揭露了国民党顽固派对新华书店发行工作的阻挠破坏、对进步读者威胁迫害的罪行。据叶林介绍，新华书店从国共第二次合作后诞生、在抗战中长大，不可否认，它曾在抗战中起了应尽的作用，它为全国进步人士与广大读者所爱护，也为少数顽固分子所嫉恨所破坏。带给新华书店工作以极大损害的是顽固分子的非法劫掠行动，他指出，在1937年11月间，顽固分子首先在西安没收《解放报》，西安解放报分销处被查封两次，解放报被劫去二万余份、书籍数百册。随后此种暴行扩张至交通封锁，顽固分子在西安邮局设置了专门检查书报的人员。凡由延安寄往全国各地之书报，不问青红皂白，一律没收。前后三年来所没收之书籍、刊物、报纸，其数量之多实为惊人。仅西安邮局一处检查员即有数十名之多。他们被顽固分子强迫来作此破坏抗战团结的不法行为。1939年2月以后更为猖獗，几遍全国各处，其封锁前哨由西安而三原、咸阳，而洛川甚至公开检查八路军第十八集团军的汽车而没收该军送往前方的书报。除此之外，国民党顽固分子还采取强迫邮局对某些书报进行积压以及威胁与打击读者等卑劣手段来阻止新华书店的正常出版发行工作。尽管如此，林文最后还是非常坚决地指出：

虽然我们遭受顽固分子这样多的破坏，但在今后我们仍要继续努力下去并要用一切的力量，冲破困难，扩大我们的出版发行网到全国去，并更多地把边区以外的进步出版物运到边区来，以满足边区读者的需要。

历史事实证明，新华书店的确不辱使命。为了同国民党顽固

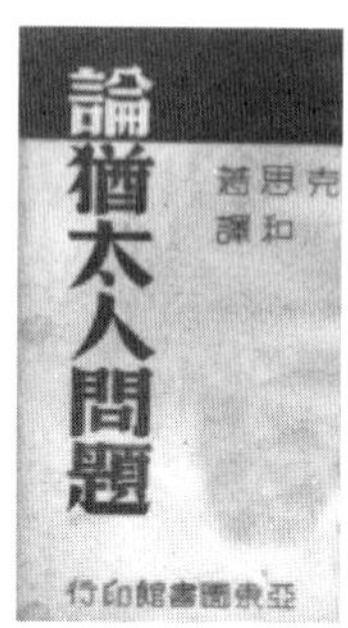

延安时期出版的部分马列著作

派检查、扣压延安出版物的罪恶行径作斗争，新华书店针锋相对地采取了“明修栈道，暗度陈仓”的策略。即一方面继续从国民党的邮政局邮寄，数量不减少，并且用挂号寄。这样既能迷惑特务，又能取得西安邮局按规定扣留挂号印刷品要有所交代的证据。这就是“明修栈道”。另一方面，另辟蹊径，“暗度陈仓”。新华书店发往四川成都、重庆及广西、云南、贵州等国民党统治区的大批书报，通过在陇东设立的发行站转发，或通过地下交通线运送。尽管国民党检查机关非法扣留新华书店从邮政局寄出的邮件，而发往国民党统治区的书刊，却通行无阻，广为流传。

除此之外，当时的上海，也是我党出版发行马列书籍的重点地区。比如，1939 年读书生活出版社出版发行了郭大力和王亚南翻译的《资本论》三卷本、《资本论通信集》、《马恩科学的文学论》，上海南潮出版社出版发行了马克思的经典著作《法兰西内战》；亚东图书馆出版发行了《论犹太人问题》(马克思著)、《劳动价值说易解》（马克思著）；上海言行出版社出版了马恩合撰的《德意志意识形态》（译者郭沫若）；上海北社于 1940 年出版发行了《卡尔·马克思——人、思想家、革命者》和《论弱小民族》等书。

延安时期，马列著作的出版工作达到了空前繁荣，是新中国成立前马列著作翻译和出版最集中、成绩最突出的时期。这一时期，马列著作的出版已显现出系统化的特点。正如出版史研究专家吴永贵所说：

马列著作的系统化出版，反映了解放社在出版规划上的长期性和出版组织上的周密性，这是以前党的出版活动中所不曾有过的。

当时的延安，恰逢抗日战争最艰苦的岁月，可想而知，出版印刷条件非常之差，印刷机器设备和印刷用纸等经常短缺，解放社克服各种困难,尽可能地选择最好的纸张来印刷马列经典著作，可还是经常无法保证供应，最后不得不用自制的通草纸来代替。解放社所出版的图书，不仅供应陕甘宁边区和其他各抗日民主根据地，而且还秘密供应国统区、沦陷区，甚至远销国外，为马列经典著作的传播作出了巨大贡献。

二、充分利用党报、党刊、广播等传播媒体

延安时期，为了最大限度唤醒民众，推动马克思主义理论及党的路线、方针、政策的广泛传播，中共中央充分发挥报刊、通讯及广播“三位一体”的传播体系，来扩大宣传马列主义主张及党的理论思想和路线方针，使党的“声音”传向各个根据地，传向全国，传到海外。

（一）《解放》周刊的“先发”

1937 年 4 月 24 日《解放》周刊诞生于延安蓝家坪，创刊之初每周出版一期，每期 16 开本 1 册，故名《解放》周刊。1938 年 1 月以后，因无法保证每周按期出版，于是改名为《解放》（下文统称为《解放》），编辑部也由原来的《解放》周刊社改为解放社。《解放》周刊自创刊至 1941 年 8 月 31 日停刊，共出版 134 期，由于受限于当时的印刷出版条件和革命形势，出版周期并不固定，其中有多期为两期合刊，前期多为每周一期，后期

多为半月一期，其间也掺杂十天一期、二十天一期，甚至两期的最长间隔为三十天左右。

《解放》所设栏目主要有“时事短评”“论著”“翻译”“通讯”“文艺”“来件专载”“来件选辑”“特辑”“随感录”“书报研究”“木刻”等，每期多为这些栏目的有机结合。“时事短评”就是对当时新近发生的国内外要事进行言简意赅的评述，一般在千字以内，旗帜鲜明，立场坚定；“论著”则是长达万字的理论论述文章，作者均为当时中共党政要人，如毛泽东、周恩来、董必武、张国焘、王明、朱德、洛甫、凯丰等。《解放》作为中共中央公开发行的权威性政治理论刊物，其刊载的文章中不少是中央领导人及理论界人士撰写的文章，对于促进根据地军民的思想统一和增强抗战必胜的信念起到了巨大的推动作用。其不仅在延安发行，还通过党的影响和发行工作者的努力，订阅份数很快突破一万，发行到上海、南京、武汉、重庆、西安等大城市及西北、华北和南方各省，甚至达到港澳地区。刊物的发行渠道主要是通过中共中央党报委员会下面的发行科（新华书店）发行，在其第三期（1937 年 5 月 11 日）注明了：陕西延安县新华书局。

《解放》期刊自创刊至停刊，共出版 134 期，发表文章 700 余篇，大体可分为以下四类：第一类是关于国内外时势的分析、总结；第二类是中共中央的或代表中共中央的宣言、方针、政策、纲领、意见、建议等；第三类是翻译过来的文章，这类文章中有进行理论宣传的，有时势介绍的，也有一些纪念性文章等；第四类是经验总结、知识宣传、情况介绍及纪念类文章。

据统计，在《解放》期刊刊登的 700 余篇文章中，译介的有关马列主义的文章就多达 170 余篇，成为马列主义在中国传播的重要途径，也为马列主义的中国化提供了重要的理论根据。《解放》期刊对马克思主义著作的译介和传播内容十分丰富，大致可以分为以下三种类型。

第一，对马克思主义原著的翻译和研究。主要译介马克思主义经典作家的生平、著作及研究论著，此类文章共 58 篇，如：《马克思恩格斯关于唯物史观的书信》（第52、53、54、56期连载）、《马列主义论战争及其起源》《纪念恩格斯》《列宁关于辩证法的笔记》《马克思学说的历史命运》《社会主义与战争》《斯大林论列宁》《列宁关于辩证法的笔记》（第60、61期合刊）、《马克思学说的历史命运》（第66期）、《社会的存在与社会的意识》（第108期）、《马克思主义的哲学唯物论》（第129期），等等，对这些原著文本的译介为中国共产党准确把握马克思主义、推进马克思主义中国化提供了理论前提。

第二，转载共产国际和苏共中央的政治报告、决议以及苏联理论家对马克思主义和社会主义的介绍和评述等，内容涵盖马克思主义哲学、政治经济学、科学社会主义、党的建设等。此类文章共79篇，如：《在准备和实行十月社会主义革命的布尔什维克党》《关于〈联共（布）党史简明教程〉出版后党的宣传的决议》《什么是乌托邦社会主义》《社会的存在与社会的意识》《什么是社会主义》《马克思列宁主义是统一的、整个的学说》《发展是对立的统一和斗争》等，这些文章为全体党员提高马克思主义理论水平、建设马克思主义政党都有十分宝贵的借鉴意义。

第三，关于其他国家的革命运动和民族解放运动发展状况的材料和文章。《解放》周刊在介绍苏联社会主义建设的同时，也关注其他国家内部革命运动的发展状况，此类文章共33篇，其中对西班牙关注的比重最大，多次刊登研究专号进行介绍，为争取抗日战争胜利提供了可资借鉴的经验。

为了更好地传播马克思主义，周刊还登载了马列主义书籍及其他党报党刊的广告，积极推荐一大批必读书目，对于这些书籍报刊的推荐和宣传推动了马克思主义在中国的传播，扩大了影响，为全党进一步学习马克思主义理论提供了素材。除此之外，《解放》还从马列主义理论学习方法等方面刊发了许多文章。

首先，学习马列理论需要掌握科学的方法。《解放》为此刊发了数篇文章专门探讨学习马列理论的科学方法，尤其是毛泽东在中共六届六中全会上发出全党学习的号召之后，《解放》新增了“理论学习增刊”专栏，专门刊发探讨理论学习方法的文章。例如，《解放》第114、115期连载了《列宁如何研究马恩的著作》；第127期刊发了《略谈学习马列主义的方法》；第131、132期合辑刊发了《论创造性的学习》；第131、132期合辑刊发了《列宁怎样研究马克思》等。这类有关理论学习的方法论系列文章的刊发，为根据地军民学习、领会、运用马克思主义理论提供了有力的指导，对于有效提高广大抗日军民的理论素养和辩证思维能力具有非常大的促进作用。

其次，倡导马克思主义理论学习应紧密联系实际。学习应把知与行结合起来，学以致用。《解放》刊发的学习运用马列主义的诸多文章中，毛泽东与艾思奇的文章最受人称赞。毛泽东是集理论与实践于一身的革命领袖，艾思奇是学者与战士高度统一的马克思主义理论工作者，他们都为推动马克思主义中国化作出了卓越贡献。有学者统计，毛泽东发表于《解放》上的署名文章有29篇，其中运用马克思主义理论解决中国实际问题方面的代表性文章有《论持久战》（第43、44期合刊）和《论新阶段》（第57期）。毛泽东在《论持久战》一文中，运用马克思主义基本原理，

解放週刊第一卷第一期

目錄

時事短評　論著　翻譯　通訊　文件宣言　文藝

解放週刊第一卷第二期

目錄

時事短評　論著　翻譯　文藝

《解放》目录

从中日双方的对比出发，系统阐述了中国实行持久战以获得对日作战胜利的战略，坚定了中国人民争取抗战胜利的信心。而毛泽东在中共六届六中全会上所作的《论新阶段》报告中，首次提出了“马克思主义中国化”这一命题，认为“没有抽象的马克思主义，只有具体的马克思主义”，制定路线政策必须考虑中国实际国情。艾思奇作为我国的“大众哲学家”，一生为推进马克思主义在中国的广泛传播而努力，抗战期间先后在《解放》上发表了《怎样研究辩证法唯物论》（第 82 期）、《辩证法唯物论怎样应用于社会历史的研究》（第 126 期）、《关于研究哲学应注意的问题》（第 127 期）等多篇文章，对于推动马克思主义的中国化与大众化作出了巨大贡献。毛泽东曾高度评价艾思奇在理论与实践结合方面是大家学习的典范。

最后，亲其师才能信其道。《解放》还刊发了大量介绍革命导师人生经历的文章，对于广大青年树立共产主义理想产生了重要影响。如，第 127 期刊发了《马克思之为人》，柯柏年在该文中将马克思的为人概括为学者的风度、革命的精神、良师兼益友、模范的丈夫、标准的父亲，呼吁革命者以马克思为做人和做事的榜样。接着，第 36 期刊发了《马克思与中国》，第 47 期刊发了《纪念恩格斯》和《纪念中国人民的伟大朋友——恩格斯》，以及第 62 期刊发了《列宁与中国人民解放的事业》等文章。这一系列的文章促使广大青年和知识分子对革命导师有了全面、系统的认识，促使他们更好地将个人理想与社会理想结合起来，进一步坚定了共产主义理想信念，在后来的革命斗争中成长为各条战线的骨干力量。

《解放》为传播马列主义经典，提高全党的马列主义理论水平和素养，深化和促进党的建设和干部教育，推进马克思主义中国化和夺取抗战最后的胜利都发挥了重要的作用。《解放》推荐了马列著作中大部分主要书目，促进了全党对马克思主义认识的进一步深化，展现了当时中国共产党在认识和理解马克思主义的问题上所能达到的历史高度，为进一步全面而深刻地把握马克思主义，推动中国化马克思主义的形成奠定了良好的基础。

（二）各类党报党刊“万花齐放”

1939 年 10 月 4 日，中共中央机关刊物《共产党人》创刊。这个刊物共出了 19 期，于 1941 年 8 月停刊。毛泽东为创刊号写了发刊词，新中国成立后，以《〈共产党人〉发刊词》为题编入《毛泽东选集》第二卷。

毛泽东在发刊词中首先指出，中共中央创办《共产党人》的目的是为建设一个全国范围的、广大群众性的、思想上政治上组织上完全巩固的布尔什维克化的中国共产党而起推动作用。毛泽东总结了 18 年来党的建设的丰富经验，指出统一战线和武装斗争，是中国民主革命过程中的两个基本特点。党的建设的过程，就是在这个特殊的情况下进行的。党的失败和胜利，党的后退和前进，党的缩小和扩大，党的发展和巩固，都不能不联系于党同资产阶级的关系和党同武装斗争的关系。毛泽东由此得出结论：统一战线、武装斗争、党的建设，是党在中国革命中战胜敌人的三大法宝，是中国革命的三个基本问题。并阐明了三大法宝之间的关系，指出统一战线和武装斗争，是战胜敌人的两个基本武器，而党的组织则是掌握这两个武器以实行对敌冲锋陷阵的英勇战士。正确地理解了这三个基本问题及相互关系，就等于正确地领导了全部中国革命。

虽然《共产党人》存续时间不长，但它在宣传动员及组织群众方面发挥了重要作用。一是发表了大量党中央的决议、决定及政策，如中共六届六中全会期间的一系列决议、《关于大量吸收知识分子的决定》、《关于调查研究的决定》，等等。二是就党的理论建设方面转载及发表了大量文章，如毛泽东的《没有调查研究就没有发言权》，张闻天的《党的工作中的一个基本问题——了解具体情况》《提倡朴素和切实的工作作风》《党的两种工作方式》，胡耀邦的《拥护开除刘振球的党籍，为党的事业奋斗到底》，等等。刊登党的建设经验方面的文章，是《共产党人》的一项中心任务，集中反映了党在这一时期组织及作风建设上的内容、特点及经验。三是就党的干部教育问题发表专题文章，阐述了党中央关于干部教育的指示、政策与精神，如《关于干部学习的指示》《关于提高延安在职干部教育质量的决定》，等等，同时，该刊物“还为干部教育提供教材、各种参考资料以及各种具体的经验”，对党的干部教育起到了一定的指导作用。由此可见，党刊的创办，的确为建设“在思想上政治上组织上完全巩固的布尔什维克化的中国共产党”作出了较大贡献。

《解放日报》是中共早期的政治理论刊物，也是中共中央的机关报，它是1941年5月16日由《新中华报》及《今日新闻》两个报纸合并而来的，是共产党在抗日根据地出版发行的第一张大型的且每日发行的报纸。1941年，《中央在关于出版〈解放日报〉等问题的通知》的文件中指出：一切党的政策，将经过《解放日报》与新华社向全国宣传，《解放日报》的社论，将由中央同志及重要干部执笔。可以看出，党对出版和发行《解放日报》的重视程度。而在抗战期间，《解放日报》也很好地完成了党和人民赋予的使命和任务，对于宣传党的理论及方针政策，教育全国人民团结抗日，争取抗战胜利等，起到了很好的宣传作用，可以说是党的新闻史及抗战史上的一面光辉旗帜。毛泽东经常在《解放日报》上发表及修改大量社论，一些对党内党外影响深远的经典篇章，就是经过《解放日报》首先发表出来的，如：《改造我们的学习》《在延安文艺座谈会上的讲话》《反对党八股》《整顿党的作风》，等等。

除了党报党刊之外，延安期间，为适应大众需求，党在陕甘宁边区还创办了大众读物，如《中国工人》《中国青年》《中国妇女》《八路军军政杂志》《大众文艺》《团结》《文艺战线》《西北儿童》等杂志，以扩展理论传播的广度。这些刊物从不同角度、不同层面再现了边区人民在党的领导下生产、学习与研究的精神风貌以及团结抗日的昂扬斗志，是除党报党刊之外，传播

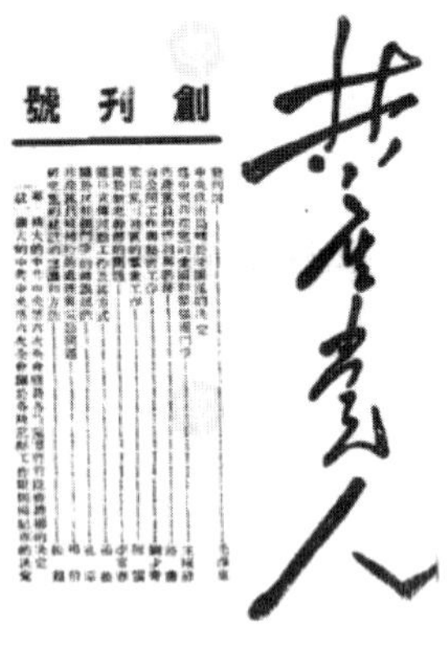
共產黨人

創刊號

解放日報

蘇援華堅定不變

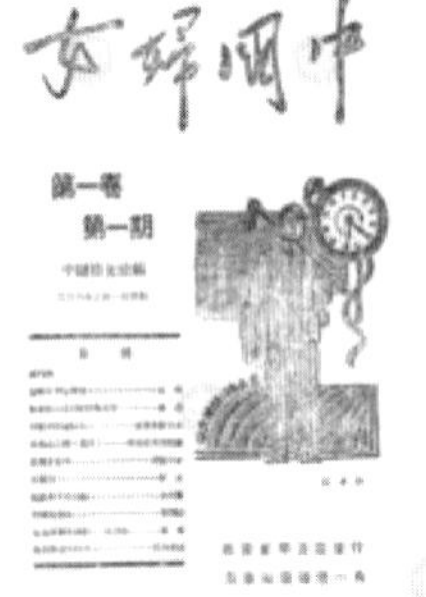
中國婦女

第一卷

第一期

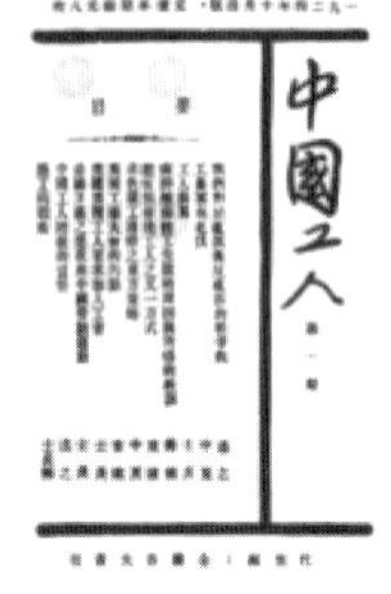
中國工人

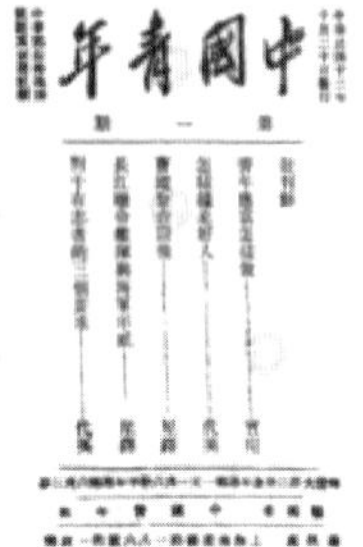
中國青年

延安时期出版的部分报刊

新文化新知识的主要阵地，对于提高人们的思想意识、文化水平，调动人们学习与研究的兴趣，起到了良好的推动作用。

《中国工人》由中共中央职工运动委员会创刊于 1940 年 2 月，在创刊后不久，就发表了《马克思关于工人联合会的报告》。编者在副标题中说，这是马克思为第一国际第一次世界代表大会起草的报告，也是七十余年来职工运动者的行动方针。这个报告实际上是“临时中央委员会就若干问题给代表的指示”，当年，《中国工人》发表的只是其中第 6 节《工会（工联）。它们的过去、现在和未来》。这段译文虽然很简短，字数也不多，但这是第一次把马克思关于国际工人协会的著述介绍给中国的劳苦大众。

《八路军军政杂志》由八路军政治部创办于 1939 年 1 月。为了用马列主义的战略思想来指导抗日战争，中共中央军委在 1938 年把马克思主义军事理论学习作为军事干部的必修课目。为了把恩格斯的军事著作及苏联的军事材料等译成中文，专门抽调了一些懂外文的同志，建立了中央军委编译处。这是第一个由

《八路军军政杂志》封面

中共中央军委在革命根据地建立的专门翻译马列主义军事著作的机构。军委编译处最早翻译的恩格斯的军事论文是《冲锋》和《军队论》，译者为焦敏之，这两篇文章先后发表在《八路军军政杂志》上。此外，发表于该杂志并由焦敏之译的《恩格斯军事论文选集》（第一册）是最早翻译出版的恩格斯军事论文。这本选集收入了恩格斯的五篇军事著作：《军队》《步兵》《炮兵》《骑兵》和《欧洲军队》。它是我国翻译出版的第一本恩格斯的军事论文集。

为了适应广大群众的不同需求，更好地发挥报纸教育、宣传及鼓动群众的作用,党及边区政府除了创办大量群众性读物之外，还充分调动军民办报的积极性，使得理论传播媒介呈现多元化特点，在广度上拓展了传播渠道，形成了强大的文化及理论宣传攻势。这类群众性的报纸主要有《边区群众报》《抗战报》《绥德大众报》《关中报》《三边报》《陇东报》《新文字报》，等等，其主要特点是内容贴近群众、贴近军民生活实际，文字通俗易懂，形式多样、生动活泼，因而深受广大军民的欢迎和喜爱。理论宣传只有使受众从被动接受转为主动吸收，才能真正达到理论传播的目的。边区军民行动起来，积极创办自己的报纸就是这一方面最好的例证。

充分发挥广播及通信媒介在理论大众化中的作用，是延安时期党推进马克思主义大众化的又一重要举措。1937 年 1 月成立的新华社及 1940 年春成立的延安新华广播电台，是这一时期并肩战斗在党的广播通信战线上的两名“战士”，党的许多理论政策正是通过它们传遍大江南北，传向大洋彼岸。

总之，无论是党创办的党报党刊、边区政府及军民创办的群众性读物，还是广播及通信媒介都是党在延安时期理论宣传的主要媒介，也是党进行理论教育的主要传播工具。它们在宣传党中央的路线、方针及政策，传达我党抗日主张的同时，还大量介绍边区群众生产运动及科教文卫等方面的情况，而通过介绍国内外所发生的大事件等，更是使得边区干部及群众及时获知了时事新闻，不仅丰富了业余生活，对自己所处的内部及外部环境也有了进一步的认识。这种无声的理论传播媒介，是党进行理论传播最主要且最有效的武器，对于党报党刊而言，它们是党的喉舌，犹如一棵大树的主干，是党宣传理论政策的牢固阵地；而对于各类群众性读物而言，它们就是大树主干四周的繁茂枝叶，是响应党的号召，对群众进行宣传、教育和组织的有力工具。二者共同配合，一方面，对于团结全党全国人民一致抗日，打击与揭露敌人等方面起到了积极的作用；另一方面，对于贯彻党的政策、反映党的工作、反映群众的生活也产生了积极而深远的影响，二者相得益彰，共同推动党的理论政策大众化。

三、开办各类党校和政治军事学校

为了提高党在领导中国革命实践中的理论水平，造就一批理论及政治素养高的理论干部，1938 年 5 月在延安成立了一所专门从事马克思主义学习、研究和宣传的干部学校——马克思主义列宁学院（简称马列学院，1941 年 7 月更名为马列研究院），学院设有马列主义、中国问题、哲学、政治经济学等研究室，党的重要领导人如毛泽东、张闻天、刘少奇及众多知名学者如杨松、吴亮平、艾思奇等都承担了学院的授课工作，使学院的理论学习氛围有了显著提升。为了使理论学习与中国革命实际紧密结合起来，充分发扬党的实事求是和调查研究作风，在毛泽东提议下，并经中共中央政治局讨论，1941 年 9 月马列研究院更名为中央研究院，下设中国政治、经济、文化思想研究室等以研究中国革命实际问题为核心的部门，以此加强马列主义在中国的具体运用。

除马列学院之外，我党还在延安先后创立了 20 余所专门针对各类知识分子的学校，如中国人民抗日军事政治大学、陕北公学、鲁迅艺术学院、泽东青年干部学校，延安大学、中国女子大学等。这些学校的广泛建立，一方面适应了大批知识分子初到延安对于学习的渴求；另一方面也推动了边区教育事业的发展，从

1

2

1_

1937 年红军大学部分领导合影

2_

延安的大批知识青年

而使学习在边区各级领导干部及普通知识分子之间蔚然成风，推动并加速了马克思主义中国化与大众化的进程。

面对日本灭亡中国、变中国为其独占殖民地的侵略计划，中国共产党内马克思主义理论素养不高和有思想觉悟的人民群众现实力量不足的实际情况，中国共产党深刻认识到“办学校”是最有效地提高党内干部马克思主义理论素养的途径和方法。于是中国共产党于1936年6月1日创办了“西北抗日红军大学”，并于1937年初改为“中国人民抗日军政大学”，简称“抗大”。从此，这所学校担负起为抗日战争培养大批马克思主义理论领导人才的光荣使命，为全国各方面供给德才兼备的马克思主义军政干部，为抗日战争的胜利，中国共产党的建设发展和中国人民军队的壮大提供了重要的人才保证。

“抗大”在马克思列宁主义思想的传播及其大众化方面作出了巨大的贡献。从办学目的来看，“抗大”就是为了满足提高群众的思想觉悟和提升干部工作能力的需要。针对人民群众的思想觉悟不高，1938年5月21日，毛泽东在抗大第3期干部总结会上的讲话中指出：办抗大对于联系全国最为要紧，可以“生新游击队，又教育人，而且会扩大”。在他看来，要提高人民群众的马克思主义理论素养、文化水平、正确认识马克思主义和三民主义和持久战等的认识，最根本、最有效的办法就是通过创办抗大，制造大批带着马克思主义理论素养的“风”吹向全国，吹醒人民群众，并以此来提高人民群众的思想觉悟。另外，针对当时党内面临的“有独立工作能力的干部缺乏”这一现象，1939年毛泽东在延安在职干部教育动员大会上的讲话中，特别强调：

现在中国共产党队伍里存在的恐慌，不是经济、政治方面的恐慌，而是“本领恐慌”。

对此，他风趣地谈道，本领就像一个铺子，本来东西就不多，一卖就能卖完，而这个铺子要继续开下去，就必须要“进货”。

这里所说的“进货”，就是不断加强马克思主义理论的学习，全面提升学员的马克思主义理论素养。正如毛泽东在第四期开学典礼上所指出：现在你们在抗大学习几个月，几个月中间，你们要把马克思列宁主义，孙中山先生的三民主义都研究清楚。面对这一新情况，抗大的教员队伍除了1936年5月20日，中共中央政治局常委在讨论建立红军大学问题会议上确定的艾思奇、任白戈、吴亮平、何思敬、罗世文、张如心、徐懋庸、张闻天、周恩来、毛泽东、董必武、莫文骅、朱德、刘少奇、陈云等教员外，还采取了抽调部分在职干部成立教员训练班、政治干部培训班等一系列措施来充实教员队伍和抗大的机关干部的行列。他们在培养马克思主义抗战队伍的过程中，不仅编写教材，翻译马克思主义经典著作，完成马克思主义教育，还会以身为范，传承马克思主义的精神和品格，以培养雪亮的利刃，去解放全中国。

抗大部分教员基本情况①

姓　名	主要授课	这一时期主要成果或研究方向
毛泽东	哲学课	《实践论》《矛盾论》《中国革命战争的战略问题》《论持久战》《新民主主义论》等
周恩来	主要作关于国际形势的报告等	
刘少奇	华北战区的工作经验、论共产党员的修养	
朱德	中国近代革命运动史等	
张闻天	中国革命基本问题	
陈　云	论干部政策	
邓小平	关于敌后工作的策略	
艾思奇	马克思主义哲学	《大众哲学》《新哲学论集》《思想方法论》《如何研究哲学》《实践与理论》《哲学与生活》《唯物史观》等

①此表的来源主要是参考了由张振华，马翔雪，王聚英主编的，由海潮出版社出版的《抗日军政大学名人录》一书，同时还参阅了《中国人民抗日军事政治大学史》《毛泽东年谱》《张闻天年谱》《周恩来年谱》等书籍，并对其进行了相关整理。

续表

姓　名	主要授课	这一时期主要成果或研究方向
任白戈	马克思主义哲学	译《列宁的辩证法》《黑格尔的辩证法》《机械辩证唯物论》等
吴亮平	马克思主义革命理论	译《社会主义从空想到科学的发展》《反杜林论》，编著《社会主义史》《辩证唯物主义和唯物史观》等
何思敬	马克思主义理论	著《马克思的国家与法权学说》，译《哥达纲领批判》《经济学哲学手稿》《国民经济批判大纲》等
罗世文	马克思主义革命理论	主要研究十月革命和国际共产主义运动的历史及经验等
张如心	马克思主义哲学	编著《哲学概论》等
徐懋庸	哲学和政治经济学	主要从事文学翻译工作等
董必武	党的建设	《共产主义与三民主义》等
罗荣桓	中国革命运动史、军队政治工作	
莫文骅	中国革命运动史、军队政治工作	
彭雪枫	作“要立志做一个政治的军事家、军事的政治家”的讲话	

从以上表格可以看出，“抗大”所开设的课程，主要以马克思主义理论为主，而且毛泽东带头到抗日军政大学讲马克思主义，特别是马克思主义哲学。在讲课的过程中，毛泽东不仅传播马克思主义哲学的精髓，而且还渗透了自己的理解和感悟，形成了《实践论》和《矛盾论》，为毛泽东思想的形成奠定了哲学基础。而这“两论”正是毛泽东讲解马克思主义哲学的两篇讲稿，其中引述了马克思主义著作中的许多经典论述，同时也注入了许多毛泽东的新思想，成为延安时期马克思主义传播和中国化的典范。

“抗大”的其他教员也进行了马克思主义经典哲学著作的翻译和传播工作。这也进一步丰富和充实了抗大的马克思主义哲学的教学内容和材料，如时任抗大教员的任白戈翻译的《列宁的辩证法》、何思敬翻译的《哲学的贫困》等马克思主义的经典著作。除此之外，时任抗大政治主任教员的艾思奇先后写的《历史唯物论·社会发展史》《辩证唯物主义纲要》等，抗大教员吴亮平写

抗大毕业学员奔赴抗日前线

的《唯物史观》等都是抗大马克思主义哲学课程的重要教学内容。也有教员对学员关于自然现象的疑问进行了搜集整理，并将其编成了《为什么》的书稿。此书稿主要以唯物论为主要讲授内容对自然现象进行讲解。这对破除迷信，坚定马克思主义信仰发挥了非常重要的作用，深受学员的欢迎。

1991 年《抗大历史研究》编辑部出版的《抗大历史研究》第 1 期“校史研究”栏目中刊载了抗大学员周抗的《迎接马列主义科学在中国开花的新时代》一文。文中对其在抗大一分校接受科学社会主义经典著作学习和解读情况进行了回顾。他谈到他们在李培南、郑文卿、胡成方、宋锡纯等导师的带领下进行了马克思主义基本理论的学习。在他们学习《社会主义从空想到科学的发展》这一经典著作时，郑文卿导师首先对圣西门、傅立叶、欧文这“三大家”所代表的空想社会主义思想遗产进行了细致、具体的分析，以期学员可以一分为二地去认清其中的精华和糟粕，并通过联系《共产党宣言》《哥达纲领批判》《反杜林论》等经典著作，让学员对这些“社会主义者”们的思想可以清晰地进行认识和分析；其次，则是使学员清晰地理解马克思、恩格斯所创立的科学社会主义，即历史唯物主义基本原理及其所揭示的人类历史发展的一般规律和资本主义、社会主义经济发展的特殊规律——剩余价值规律这两大发现。

此外，陕北公学也开设了许多马克思主义理论类的课程，例如，社会主义概论内容包括社会发展史、政治经济学等课程，讲授马列主义关于社会发展规律的知识；同时，还开设马列主义、辩证唯物主义、政治经济学等课程。中国女子大学也开设了政治经济学、社会发展史、三民主义、马列主义、党的建设、哲学等课程。它们为马克思列宁主义的传播起到了很大的推动作用。

四、成立学术研究小组

延安时期，中国共产党在局部执政实践过程中为深入推动对马克思主义经典著作的学习与研究，积极领导建立了各种学术研究团体和研究小组。其中，研究小组是推动马列著作深入学习最有效的方式。为此，党中央积极倡导组建各种研究小组，凡在理论环境允许的地方，党小组可以根据学员的具体理论兴趣成立各种马克思主义学习小组。这些马克思主义学习小组平均每半月可以开讨论会一次。在理论讨论会上，要采取友好热烈的讨论态度，不可采取“戴大帽子”的不恰当方式。

在毛泽东“来一个全党的学习竞赛”的号召下，各类读书会和读书组纷纷建立。同志们利用晚上的闲余时间，在窑洞里或认真读书，或专心听讲，或热烈讨论。学习气氛十分浓厚。这些理论团体主要是围绕马克思主义、马克思主义中国化来展开研讨工作，举办专题讨论会等形式来推广和普及马克思主义理论及党的基本政策，极大地推动了马克思主义理论在党内的传播。

当年重点学习马克思主义哲学著作的中央研究小组在张闻天的领导下，由艾思奇具体指导毛泽东、李维汉、朱德、徐特立等人系统学习马克思主义哲学理论著作，学习的主要方式是由艾思奇撰写学习提纲，然后分发给研究小组各成员，经过详细研讨后，由艾思奇对学习过程中出现的主要理论问题进行点评。张闻天还组织领导了有王思华、王学文、何思敬等部分党的理论家参加的《资本论》研究小组，小组每隔一周讨论一次，在整整一年中全部学完《资本论》第一卷，这个由张闻天领导的《资本论》研究小组，因为学得好，曾受到了毛泽东的表扬，也为当时学习与研究马克思主义理论的其他研究小组树立了典型。

当年毛泽东还组织了一个哲学研究小组，每周一次会议，讨论《辩证法唯物论》等马克思主义哲学著作中的许多问题。这些研究小组在学习马列著作过程中热烈讨论，相互启发，程度低的还可以得到程度高的同志的帮助。为了进一步督促各个研究小组学习马克思主义理论，中央还建立了定期检查制度，通过检查来推广一些比较好的学习经验。

中央宣传部在1940年通过的《关于提高延安在职干部教育质量的决定》中强调：要注意积极检查各个独立研究小组（或研究会）的具体学习情况，向其他团体传播这些研究小组（或研究会）

1937年1月红军大学的学者

的优秀学习经验，并在马列主义理论水平较高的党员干部中推广。通过这种定期检查制度，保证了学习效果，使广大党员干部学习马克思主义理论制度化，同时，也为后来学习与研究马克思主义提供了宝贵经验。除了上述各种理论研究小组外，这一时期中国共产党还积极领导建立了众多的涉及马克思主义哲学、历史、军事、经济、政治等各个门类的学术团体研究会，其中有代表性的主要有延安时事问题研究会、社会科学研究会、中国现代史研究会、延安抗日战争研究会、历史研究会等。毛泽东还于 1938 年 3 月组织成立了“克劳塞维茨《战争论》研究会”，该研究会除了由何思敬负责翻译克劳塞维茨的《战争论》外，还专门请何思敬讲克劳塞维茨的“战略学”内容等。

延安时期党还领导建立了专门组织研究、翻译与介绍马克思主义新哲学（辩证唯物论和历史唯物论）的另一重要学术研究团体——延安“新哲学会”。该会主要由艾思奇和何思敬主持工作，会员有来自马列学院、中央直属机关等机构的党员干部共 80 多人。1938 年 9 月 30 日，艾思奇、何思敬、陈伯达、张如心、吴亮平、周扬、柯柏年等人联名在延安《解放》杂志上公布了《新哲学会缘起》，介绍了发起新哲学会的主要目的，号召团结广大的哲学家、社会科学家、自然科学家、历史学家等集体的力量，积极研究哲学，深入研究马克思主义哲学在中国的发展及其在抗战建国中的具体运用，要积极研究包括马克思主义在内的一切其他的社会科学。《新哲学会缘起》进一步促进了马克思主义哲学中国化的发展。1940 年 6 月，毛泽东、艾思奇、张闻天、陈伯达等人参加了延安“新哲学会”举行的第一届年会，毛泽东在讲话中强调了哲学工作者加强理论研究的重要性，张闻天要求“新哲学会”除了要更多地研究中国革命的实际问题外，还要反对反辩证唯物论的各种错误思想，强调新哲学会的研究要与实践斗争更密切地联系起来等。艾思奇在报告中提出了新哲学会要积极加强研究工作，注意关乎抗战的政治、军事、文化等方面专门问题的研究。通过新哲学会，推动了广大党员干部积极学习马克思主义哲学的热潮。

这一时期中国共产党领导成立的这些种类繁多的学术研究团体，标志着我们党对马克思主义著作的学习和研究进入了有组织、有计划运行的轨道，从根本上改变了建党初期我们党学习马克思主义著作零散和分散的状况，在全党真正形成了学习与研究马克思主义经典著作浓厚理论氛围。在这些学术研究团体具体指导下，中国共产党对马克思主义经典著作的学习与研究更为深入和透彻，为中国共产党在革命年代与新中国成立后培养了一大批优秀的马克思主义理论研究与宣传队伍。

五、白区的“三联书店”

延安时期，马克思主义著作在中国的出版事业，实际上存在“一主一辅”两个中心，“一主”是指延安，党中央所在的陕甘宁边区及其他抗日根据地，“一辅”则指国民党统治区及沦陷区。上海三联书店就是中国共产党秘密印刷马克思主义著作的一处据点。

三联书店的合并前后大致经历了几个阶段。1932年7月1日，生活书店在上海成立，负责人是邹韬奋。1936年，读书出版社在《读书生活》半月刊的基础上扩建成立，李公朴任社长。1935年8月，新知书店在上海成立，创办人包括钱俊瑞、徐雪寒等。1945年10月22日，三家书店在重庆合并，成为三联书店。1946年，在解放区办书店，三店领导人黄洛峰、徐伯昕、沈静芷共同组建了三联总管理处。生活、读书、新知三联书店曾经编印了大量马列主义经典著作和抗日救亡读物，总共出版有1600多种图书。1945年，生活书店在上海复业，其中，华夏书店最为著名。1948年10月26日，三家出版机构在香港宣布成立生活·读书·新知三联书店。

生活书店、新知书店和读书出版社是国统区马克思列宁主义传播的主要阵地。生活书店由邹韬奋主编的《生活》周刊发展

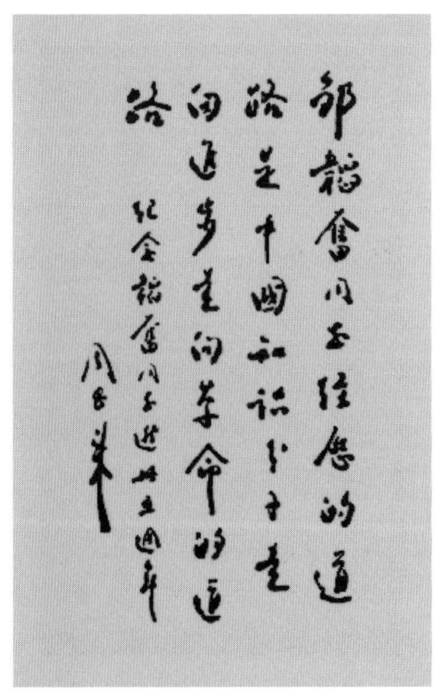

周恩来为纪念邹韬奋逝世五周年题词

而来，七七事变后，生活书店出版了邹韬奋的《读书择偶》。抗战期间，翻译并出版了《费尔巴哈论》《德国的革命与反革命》《德国农民战争》《雇佣劳动与资本》等。新知书店在抗战全面爆发后迁往武汉，以“中国出版社”名义出版了大量马列著作，如《“左”派幼稚病》《论反对派》《国家与革命》等。读书出版社1936年底在上海成立，李公朴为主要创办者。在他的推动下，1936年1月推出了《哲学讲话》，即后来艾思奇的《大众哲学》。抗战期间，读书生活出版社翻译、出版的马列经典著作主要包括《资本论》《恩格斯论〈资本论〉》《马恩科学的文艺论》等著作。

在马克思主义经典著作的传播史上，三联书店发挥了重要作用，1949年7月中共中央在关于三联书店今后工作方针的指示中说：

三联书店（生活、新知、读书出版社），过去在国民党统治区及香港起过巨大的革命出版事业主要负责者的作用，在党的领导之下，该书店向国民党统治区域及香港读者，宣传了马列主义、毛泽东思想和党在各个时期的主张，这个书店的工作人员，如邹韬奋同志（已故）等，作了很宝贵的工作。

第五章 马克思主义理论文献编译的“宝贵遗产”

马克思主义中国化的力量使以毛泽东为首的中国共产党人在十余年间扭转乾坤，使古老的华夏大地换了人间。翻译和出版马克思主义著作，既是学习和研究马克思主义的基本途径，又是实现马克思主义中国化的重要前提。延安时期是马列著作翻译与出版最有成就的时期之一。这一时期翻译出版的马列著作主要包括“马克思恩格斯丛书”10卷本和《列宁选集》20卷本，以及马列经济、军事、哲学和文艺等方面著作。这些译著，不仅扩大了马克思主义在中国的传播和影响，为中国共产党切实有效地推进学习运动与促进党的建设提供了有力的保障，而且作为宝贵的“历史遗产”对推进当今马克思主义理论的发展具有重要的借鉴意义。毛泽东在《论新阶段》中曾经明确地指出：“学习我们的历史遗产，用马克思主义的方法给以批判的总结，是我们学习的另一任务。”“雾锁千嶂夜未央，众星拱月斗寒霜。万佛洞内机喷瀑，宝塔山前骡列行。出版唯嫌时日短，发行偏喜路途长。由知巨手指航向，决胜非徒在战场。”苏生的这首诗是对延安时期马克思主义理论经典文献编译的出版发行工作的真实写照。它展示出战争年代虽然条件艰苦，但是中共中央、毛泽东高度重视马列著作的翻译与出版。我党出版发行工作者在毛泽东的关怀下舍生忘死，艰苦奋斗的生动画卷。

一、翻译的“圣地”：马列主义传播的“主阵地”

在马列著作翻译与出版史上，中共中央进驻延安后是一个成果最为丰富的时期之一。这些著作的出版扩大了马克思主义在中国的传播与影响，为中国共产党推进学习运动、加强党的建设和干部教育提供了重要保障。那么，延安时期中国共产党为什么要翻译和出版马列著作呢？

首先，中国革命的需要。正如马克思所言，“理论在一个国家实现的程度，总是取决于理论满足国家的需要的程度。”1935年10月，中共中央率领中央红军长征到达陕北。1937年1月，中共中央进驻延安。从此，这片古老的土地，不仅成为中国革命的指导中心和战略总后方，而且成为马列经典著作出版与翻译的“圣地”。中国共产党成立十多年来，开创了中国革命轰轰烈烈的伟大局面，但也遭遇了一系列严重挫折，特别是“左”倾教条主义错误给党和红军造成了重大损失。因此，当时以毛泽东为首的党中央亟须总结革命的经验教训，进一步把马克思主义与中国革命实践结合起来，这是中国共产党翻译与出版马列著作的现实需要。

其次，意识形态建设的需要。延安时期马列著作的翻译与出版，不仅是中国共产党应对国民党宣传封锁的迫切需要，而且为确立马列主义为我党的意识形态指导奠定了坚实的理论基础。这一时期，国民党为维护其统治对共产党采取宣传封锁，查禁书籍3000多种，主要涉及马列著作、中国共产党领导人的著作、“为中共做夸大宣传”的国际友人的著作，等等。面对国民党的宣传管控，中国共产党把翻译和出版马列著作作为独特的宣传工具，从舆论上与国民党形成对抗，在意识形态领域树立了自己的旗帜。

最后，提升理论素养的需要。延安时期，马列著作的大规模翻译与发行，不仅为中国共产党学习马列著作、探索真理提供了理论读本，而且为马列主义的广泛传播和深入人心从而促进中国的革命进程确立了科学的行动指南。马列著作的翻译与出版肩负着指导中国革命的责任。在新民主主义革命阶段，由于党的理论水平相对比较低且受共产国际影响较深，中国共产党犯了几次严重错误，因此系统地学习马克思主义、提高党的理论水平成为中国共产党的迫切需要。

延安时期马列著作的翻译出版是如何展开的？五四运动前后是马克思主义在中国传播的主要时期。1920年，陈望道翻译的《共产党宣言》，奠定了党的翻译事业的初步基础。抗日战争全面爆发后，中国共产党急需军事理论的指导，中国共产党的翻译事业在兼顾哲学、经济学、文艺著作的同时，进一步加强军事著作的翻译。为加大对马列著作的翻译力度，提升全体党员的理

延安时期八路军指战员认真学习马列主义理论

论水平，中国共产党在延安成立了第一个编译马列著作的专门机构——马列学院编译部。马列学院下设两个部：一个是干部培训部，另一个是编译部。编译部成立于 1938 年 5 月，专门负责翻译马列经典原著和干部培训。延安时期，毛泽东十分重视马列著作的翻译。他热情鼓励做翻译工作的同志，学个“唐三藏”和鲁迅实在是功德无量。此外，为提高中共将领的马列军事理论素养，军委响应中央学习马列经典的号召，于 1938 年 10 月在延安成立了中央军委编译处，这是中国共产党首次成立的专门翻译马列军事著作的机构。中央军委编译处主要翻译了恩格斯的军事论文，大都被编入了“抗日战争参考丛书”，为抗战胜利提供了理论指导。最后，为了提高马列著作的翻译质量，1943 年 5 月 27 日，毛泽东提议，中央作出了《关于 1943 年翻译工作的决定》，指出：“延安过去一般翻译工作的质量，极端不能令人满意。”为提高高级干部理论学习，中央要求许多马恩列斯的著作必须重新校阅，并为此组织了翻译校阅委员会。这个决定，反映了党对马列著作翻译准确性的重视和组织上的保证。

马列学院的院长由当时的中央负责人张闻天担任。张闻天是著名的马克思主义理论家，非常重视马列著作的编译工作，亲自兼任马列部的编译主任。他在繁忙的工作中，还和吴亮平一起校译了他们当年在莫斯科大学学习时翻译的《法兰西内战》，用吴黎平和刘云笔名出版。编译部一成立，就明确了工作目标。前期集中主要力量编译“马恩丛书”10册，后期编译出版《列宁选集》20卷。当时翻译依据的蓝本主要来自苏联，有俄文、英文、德文、法文、日文等各种版本。延安鲁迅艺术学院编译了《马克思恩格斯列宁论艺术》等马克思主义文艺理论著作。

当时的马列著作由延安解放社出版。解放社是抗日战争时期中共中央在延安创立的出版机构，隶属于中共中央发行部。后改为中共中央出版发行部。1937年1月，党中央进驻延安以后，随即决定建立中央印刷厂。经过仔细的勘测，厂址就选在了清凉山的石窟洞中，因为这里非常的安全隐蔽，有利于防空，可以说是世界上唯一的不怕轰炸的印刷厂。中央印刷厂当年除了印刷中共中央的机关报刊之外，最重要的任务是印刷马列著作。当时延安纸张十分匮乏，这给出版印刷带来了极大困难。在这种情况下，中央印刷厂出版发行部的同志设法在边区富县的茶坊等地，建了两个造纸厂，将收割来的马兰草，洗净蒸熟，用耕牛拉着石磙碾碎，又将碎草放入石灰池内浸泡，待泡成纸浆后，又用细竹帘一张一张地捞出来，贴在光面白墙上晾干，剥下来。这两个造纸厂每月可生产250令至300令（原张的纸500张为1令）马兰纸。这种土造纸粗糙易碎，颜色发黄，大小不一，且30%都有残洞。原陕甘宁边区参议会主席谢觉哉为印刷厂欣然命笔：“马兰纸虽粗，印出马列篇；清凉万佛洞，印刷很安全。” 延安时期工人们的工作条件和生活条件非常艰苦。每人每天只能吃到一斤多小米、四钱油、几钱盐，但是同志们为了赶印任务总是加班加点。一段时间，同志们主动把星期天让出来。每天还要牺牲一到两小时来赶制任务。

边区出版的马列著作及党报党刊的样本和纸型，通过地下交通等途径运往西安、重庆、桂林和香港等地，并在当地翻印。解放社出版的图书不仅供应陕甘宁边区和其他抗日民主根据地，而且还冲破国民党的重重封锁秘密销往国民党统治区，甚至远销到国外。内部投寄只能靠几头毛驴来完成：交通员赶着毛驴，昼夜兼程，穿插迂回，通过一道道敌人的封锁线，才能到达目的地。因此，延安作为中国共产党的经济、政治、文化中心，成了马列主义传播的主阵地。

延安时期，马列经典著作的翻译与出版对当时中国共产党的理论武装和干部培训起了十分积极的作用。之前由于连年征战，以及受反动当局的镇压和查禁,加之马克思主义著作中译本很少，我党多数同志没有机会系统地学习马克思主义。这造成我党许多同志对国际和国内问题的调查缺乏系统研究，对中国共产党的历史和鸦片战争以来的中国近百年历史懂得很少，对马列主义的个别词句滚瓜烂熟，但是对运用马列的立场、观点和方法解决中国问题却视而不见。为了解决这些问题，党中央、毛泽东高度重视马列著作的翻译与出版，号召全党深入学习研究马克思主义。毛泽东在《论新阶段》中就如何学习马列主义一针见血地指出：

> 不应当把他们的理论当作教条看待，而应当看作行动的指南；不应当只是学习马克思列宁主义的词句，而应当把它当成革命的科学来学习；不但应当了解马克思、恩格斯、列宁、斯大林他们研究广泛的真实生活和革命经验所得出的关于一般规律的结论，而且应当学习他们观察问题和解决问题的立场和方法。

由于马列著作的翻译和出版紧扣中国革命的主题和实践，因而随着这些著作的问世，全党掀起了一股学习马列主义的热潮。延安时期对马列著作的翻译是中国共产党学习和宣传马列主义的主要窗口。在物资短缺、战火纷飞的年代，中国共产党依然能面对困难、迎难而上编纂并出版发行马克思主义理论经典文献，这种高瞻远瞩的政治站位和卓尔不群的战略眼光是我党保持先进性的内在魅力。

二、人才的摇篮：群英荟萃的“主战场”

延安，不仅是马列著作翻译与出版的圣地，而且是培养人才和干部的摇篮。延安作为群英荟萃的“主战场”，使马克思主义在延安的窑洞里闪耀着希望之光。马列著作的翻译与出版在中国革命史上犹如一座灯塔指引着中国革命蓬勃发展。特别重要的是，马列学院的编译部培养和造就了一批忠诚党的理论事业的翻译家和理论家。其中很多人终身从事马克思主义的翻译事业，也形成了一种严谨治学、无私奉献、追求理想、传播真理的马列学院精神。

尽管当时延安的条件相当艰苦，但是这并没有阻止越来越多优秀的中华儿女前赴后继地奔赴延安。延安，就像是一块巨大的磁石，吸引着那些追求进步、有理想有抱负的知识青年，形成了无数青年奔赴延安的壮举和奇观，从而壮大了党和人民军队，为夺取抗日战争和解放战争的胜利提供了坚实的人才支撑。“打断骨头连着筋，扒了皮肉还有心，只要还有一口气，爬也爬到延安城。”这是1937年10月上海沦陷后，一批上海爱国青年为了抗日救亡，辗转13个月，跋涉1万多里，历经千辛万苦，奔赴革命圣地延安时的心灵呼唤。据统计，这一阶段到延安的知识分子有4万余人，他们大多为知识分子，文化程度较高，初中及以上占了70%左右，还有像陈学昭、何穆这样的留洋博士。当年的延安，偏居西北黄土高坡，中共中央进驻时人口不过两千，到处破烂不堪，交通不便，通信不灵，是一座经济文化都很落后、小得可怜的“窑洞之城”。为什么有那么多仁人志士不去投奔国民党，而偏偏冒险来到延安这个贫穷落后的黄土高坡“自讨苦吃”？

首先，抗日救亡的使命与担当驱使着一批又一批的知识分子齐聚延安。抗日战争爆发后，一批又一批爱国青年，栉风沐雨，风餐露宿，奔向他们理想的天地、精神的家园——延安。他们地域不同，来自祖国四面八方；他们出身不同，来自中国社会各个阶层；他们经历不同，有的一帆风顺，有的命运多舛……但是，他们却有共同的追求、共同的目标：国家兴亡、匹夫有责，驱逐日寇、还我河山。在国难当头、民族危亡之际，为了拯救被侵略者铁蹄蹂躏的祖国和民族，一代热血青年强烈的爱国热情被激发出来了，他们从沦陷区、国统区不惜舍弃一切奔赴延安。这些爱国知识青年，大多是从各地来到西安再转赴延安的，而从西安到延安，还要经过两道关：一是国民党设置的重重关卡，一是遥远路途的严峻考验。毛泽东对他们这种革命精神予以高度评价："你们到延安找共产党，方向是对的，很不容易，这是很大的考验。进抗大没有考试，大家通过敌人的封锁线到延安来，这是最好的考试。"民族大敌当前，中国共产党始终高举"团结抗日"的大旗，坚持和促成抗日民族统一战线。许多仁人志士奔赴延安就是奔这个而来的。当时，"陕甘宁边区是全国最进步的地方，这里是民主的抗日根据地。这里一没有贪官污吏，二没有土豪劣绅，三没有赌博，四没有娼妓，五没有小老婆，六没有叫花子，七没有结党营私之徒，八没有萎靡不振之气，九没有人吃磨擦饭，十没有人发国难财。"共产党人白手起家，在荒山野岭办起了独一无二的"窑洞大学"；发动边区军民掀起轰轰烈烈的大生产运动，创造了解放区军队吃穿基本自给、半自给的人间奇迹；党领导边区人民建立了新民主主义的抗日民主政权，显示出治国安邦的卓

爱国青年奔赴延安

在延安成立的西北战地服务团团员

越才能。延安时期，以毛泽东为代表的共产党人善于把马列主义基本原理同中国革命的具体实践相结合，探索找到了中国革命的发展规律，正确制定了新民主主义革命的路线、方针和政策，进行了卓越的理论创造，形成了中国化的马克思主义——毛泽东思想。这些正是有志革命青年所追求和向往的新中国的愿景。

其次，中国共产党以敏锐的战略眼光和“来去自由”的宽松政策全方位地吸引人才。知识青年是通过对国共政治主张以及实际行动的对比，最后选择了共产党。当时，国民党曾把三青团作为同共产党争夺青年的工具，但是由于人心向背，没能争取到青年。斯诺的《西行漫记》、范长江的《西北近影》《陕北之行》等红色书刊帮助青年更好地认识了中国共产党。恰在此时抗大、陕北公学等学校面向全国招生，其中抗大的招生广告就从延安一路贴到西安，各地青年踊跃报名。这一时期中国共产党通过营造宽松的人才引进氛围、尊重人才的主观意愿、保护人才的自由流动全方位地吸引有抱负、有理想的知识青年。毛泽东亲自起草《中共中央关于吸收知识分子的决定》，全党在人才接纳的“开放度”上狠下功夫，在争取知识分子方面达成共识。中共中央所制定的“来去自由”的人才政策的核心是：“来则欢迎，去则欢送，再来再欢迎”，这种来则夹道欢迎、去则列队欢送的宽松的人才政策反映了党求贤若渴的迫切需求。这些深入民心的举措进一步打消了知识青年来延安的疑虑。他们认为选择了延安就等于选择了光明，“到延安去”就由心灵呼唤变为实际行动。此外，对于曾经犯过错误的同志，毛泽东指出，“我们不要把犯过错误的人推出去，要团结他们”，只要认识到错误并认真改正，还是可以为我党所用的。毛泽东把这些人的错误看作是一定历史条件下犯的，经过整风运动的“洗礼”，已经在不断学习中具有一定的免疫力。因此，曾经犯过错误的人也应该参加选举。在中共七大中央委员的选举过程中，在党内虽然犯有重大错误但是仍被建议当选中央委员的王明、博古两人，最终以得票数最末两名进入了新的中央委员会。这种以党的利益为主，以团结为重的工作作风，体现了中国共产党的高风亮节。

最后，中国共产党大力培养革命知识分子决心和“任人唯贤”的用人政策深入人心。全面抗战爆发后，在广大的国统区、沦陷区、其他抗日根据地乃至海外，一大批爱国青年为了寻求国格独立、人格自由，以宝塔山为目标，开启了“朝圣”之旅，潮水般地涌入延安。这些知识分子在革命发展中都起到了什么作用？中国共产党如何使他们能留下来并充分发挥作用？

第一，大量吸收知识分子参加革命，对知识分子给予充分信任，注重发挥知识分子专长，为广大知识分子明确自己的历史位置，表达救国之心、实现报国之志开辟了广阔道路。1940 年 12 月，毛泽东在为中国共产党起草的《论政策》中明确地要求：“应吸收一切较有抗日积极性的知识分子进我们办的学校，加以短期训练，令其参加军队工作、政府工作和社会工作；应该放手地吸收、放手地任用和放手地提拔他们。”

第二，加大培养革命的知识分子。中国共产党在长期和残酷的解放战争中逐渐认识到知识分子对革命事业的重要性。1939 年 12 月，毛泽东亲笔起草了《大量吸收知识分子》的决定，指出：“没有知识分子的参加，革命的胜利是不可能的。” 时任中央组织部部长的陈云，撰写了《关于干部队伍建设的几个问题》一文，进一步强调“知识分子是革命的力量，并且是重要的力量。”在抗日民族统一战线中，培养大量革命的知识分子是推动革命运动的重要力量。一方面，中国共产党组织哲学、政治经济学、文艺等方面的学习小组，开展各类知识竞赛，提升广大知识分子的理论水平。另一方面，针对如何把理论型人才转化为能变革现实的物质力量的革命者。中国共产党始终把实践的观点贯穿于人才培养的全过程并将知识分子安排到生产的第一线，鼓励他们运用所学知识解决实际问题。1942 年，毛泽东在《整顿党的作风》的演说中指出：“唯一的办法就是使他们参加到实际工作中去，变为实际工作者，使从事理论工作的人去研究重要的实际问题。这样就可以达到目的。”

第三，落实“德才兼备、任人唯贤”的用人政策。毛泽东在党的六届六中全会上提出了“德才兼备”的用人标准和“任人唯贤”的用人路线，“中国共产党是在一个几万万人的大民族中领导伟大革命斗争的党，没有多数才德兼备的领导干部，是不能完成其历史任务的。”任人唯贤的路线就是以“坚决地执行党的路线，服从党的纪律，和群众有密切的联系，有独立的工作能力，积极肯干，不谋私利为标准”去使用干部。为了做到任人唯贤，在考察人才时，注重历史地、全面地了解识别干部。由于中国共产党在人才选用方面认真落实“德才兼备、任人唯贤”的用人政策，充分信任、大胆使用、适时提拔知识分子，中国共产党在以毛泽东为核心的党的第一代中央领导集体的带领下在组织上实现了空前的统一与团结，这为我们夺取抗日战争的胜利奠定了坚实的基础。

三、经济的“启蒙”：吃饱才是硬道理

中共中央进驻延安后，最大的一次困难就是1941年和1942年国民党实行“防共、溶共、限共”的方针，先后制造多起磨擦事件。1940年10月起国民党停发八路军军饷，同时实行断邮，外援也大部断绝。中国共产党和边区政府遭遇了前所未有的困难。面对国民党的经济封锁，“我们曾经弄到几乎没有衣穿，没

陕甘宁边区银行发行的边币

有油吃，没有纸，没有菜，战士没有鞋袜，工作人员在冬天没有被盖”的境地，共产党人受到了历史上最严峻的挑战。毛泽东在强调干部学习教育重要性的同时，还特别强调了经济工作的基础性地位，认为“我们必须弄饭吃，我们必须注意经济工作。离开经济工作而谈教育或学习，不过是多余的空话”。经济基础决定上层建筑。马克思曾经在《德意志意识形态》中明确地指出，人类历史的第一个前提就是生产满足人们衣、食、住、行的物质生产资料。只有在人们物质生活有所保障的情况下，我们才能搞好文化建设。如何把边区的经济搞好，实现保障供给、发展经济的目的，是考验毛泽东和共产党人执政水平的重要内容。经济建设中的问题不能停留在对马克思主义经典著作的学习上，而是要在实践中结合经济工作和生产发展学习、思考和研究，“从群众中来，到群众中去。”1942年底，毛泽东在西北高干会上所作的《经济问题与财政问题》报告，是在深入调查研究的基础上，对边区财经工作实践经验的总结。时任陕甘宁边区财政经济委员会副主任的贺龙在高干会上说：“毛泽东真正实际解决了边区当前最重大的问题。他比我们负责领导财经工作的任何同志，更懂得边区情况。这是马列主义经济学在边区的具体运用，是活的马列主义经济学。”为解决延安经济问题，毛泽东派出得力干将陈云参与领导经济工作。陈云在担任西北财经办事处副主任后，在边币稳定、对外贸易和保障供给方面取得了巨大成绩，解决了延安经济困境。他明确指出，边区的经济发展不能从书本出发，而是要立足延安实际。陈云在边区经济工作上，既有原则又充分展现了灵活性，从现实经济状况出发，体现了马克思主义者“不唯上，不唯书，只唯实”的务实作风，为陕甘宁边区经济建设作出了突出贡献。毛泽东、陈云等领导者在延安时期经济建设的实践为新民主主义革命和新中国经济建设奠定了理论和实践基础。

延安时期，全党开展了包括政治经济学在内的马克思主义理论学习高潮，通过经典著作的翻译和系统学习，提高了全党政治经济学理论水平。毛泽东等领导人带头学习政治经济学，鼓励和推动全党开展政治经济学学习，在延安形成了良好的学习氛围。同时，针对陕甘宁边区经济建设的实际，在实践中理论联系实际，制定了一系列符合边区经济发展的政策，保证了边区经济稳定。在理论学习与经济建设过程中，毛泽东及时发现学习活动中存在的“本本主义”问题，指出理论学习不能脱离实际，为政治经济学的学习研究指明了方向。毛泽东在延安一次小型座谈会上说过，李达寄给他的《社会学大纲》，他已经读了十遍，寄来的《经济学大纲》也读过三遍半，也准备读它十遍，这反映出毛泽东对政治经济学学习十分重视。延安时期中央组织编译出版过《政治经济学论丛》、苏联政治经济学教材和《联共（布）党史简明教程》等一系列著作与教材，毛泽东对这些著作都有所涉猎。在理论学习的良好氛围下，延安许多读书会和研究会也把政治经济学学习作为主要内容。张闻天组织的《资本论》学习小组隔周讨论一次，从不间断，用一年多时间把《资本论》第一卷的二十五章全部学完。这个小组因为学得好，当时曾受到毛泽东的表扬。陈云在中央组织部组织的学习小组也专门请王学文等专家讲授政治经济学。延安干部对政治经济学的学习十分普遍和热烈，学习研究的深度和广度都达到了很高水平。除中央党校、抗大、马列学院等高级干部学校外，其他干部学校和干部个人也开展了一些政治经济学学习与研究。延安出版的《共产党人》月刊还专门刊发了王学文编写的以延安政治经济学研究会名义发布的《政治经济学研究大纲》，该研究大纲反映了延安当时政治经济学研究水平和学习讨论的主要内容。

在全党学习运动高潮中，既表现出一种人人读书学习经典的喜人一面，也出现了死抱书本的“书呆子”的“本本主义”问题。一些干部没有哲学和经济学知识储备，上来就学《反杜林论》《资本论》等经典著作，导致不能理解和消化，照搬照套的“言必称希腊”现象和问题。一方面，在整风运动中，毛泽东批评《资本论》学习中的“本本主义”倾向，批评“教经济学的不引导学

延安干部学校的学员在开荒

生研究中国经济的特点”。作为一个以思想建党为特色的政党，经典著作的学习是一刻不能停止的。没有强大的理论学习和运用能力，就会陷入经验主义或教条主义之中，“左”或“右”的根源都在于没有对理论科学深入学习和把握。通过延安整风运动的全党学习讨论，大家认识到经典著作的学习要和实践相结合，要学会从实际问题出发来学习研究经典著作，而不是盲目地只从书本概念出发，强调“必须抛弃教条主义，必须不停止在现成书本的字句上”。系统学习与深入研究政治经济学尤其是《资本论》是必要的，这与“本本主义”完全不同。但也不能幻想通过熟读经典作家的相关结论就可以顺利解决现实经济问题。另一方面，全党在发展经济的过程要自力更生、艰苦奋斗，这样才能有效地解决人民群众的实际问题。1939 年边区经济困难已经日益明显。毛泽东发出了“自己动手”“自力更生”的号召。他从抗日战争的形势和陕甘宁边区的环境条件，讲到摆在面前的巨大困难，向人们尖锐地提出了“饿死呢？解散呢？还是自己动手呢？”这一严峻课题。毛泽东说：“今天，我们陕甘宁边区的党政军民在经

毛泽东题词号召边区军民开展大生产运动

济上遇到严重困难，吃不饱，穿不暖，生活用品奇缺，大家都有切身的感受，喝小米稀饭，盐水泡野菜，都难以维持。”“怎么办呢？”毛泽东诙谐而风趣地说：“现在和大家商量，究竟如何是好。摆在我们面前的有三条道路，应该选择哪一条？第一条是把革命队伍解散，都回家当老百姓。”话音刚落，就引得整个会场哄堂大笑。毛泽东也哈哈大笑：“看来，你们不同意把革命队伍解散。好吧，那么我提出第二条道路，叫作束手待毙，就是坐着不动，等候饿死。”讲到这里，他双臂交叉，向胸前一抱，作出束手无策的样子。动作十分自然逼真，严肃而幽默，再次逗得大家捧腹大笑。毛泽东继续讲：“看来第二条路大家也不愿意走，你们既不想解散回家，又不想坐着等死，那就只剩下第三条路了，叫作自力更生，自己动手，全边区各行各业一齐行动起来，参加农业生产。人人都有两只手，劳动起来样样有，用我们的劳动，战胜经济困难，不但要完成自己本身的学习和业务工作，还要改善生活。丰衣足食，吃得饱，穿得暖，要满面红光，兵强马壮，只有这样，才能打倒日本帝国主义。”毛泽东满怀信心地说：“总之，我们是确信我们能够解决困难的，我们对于在这方面的一切问题的回答，就是‘自己动手’四个字。”毛泽东使我党认识到发展经济应该着力于解决人民群众的实际问题。这是由当时中国革命的实际情况决定的。只能从中国实际出发，在实践中运用马克思主义的立场、观点和方法，去认识问题，总结事物发展规律，按客观规律办事，才能争取革命和建设的胜利，这是从延安时期全党开展政治经济学学习教育与实践运用的历史经验中得出的启示。

四、哲学的“洗礼”：理论联系实际

“五四薪火传延安”，中国共产党历来重视马克思主义理论学习，毛泽东在延安时期带头学习马克思主义，这是对李大钊在北京大学五四时期开创的优良传统的继承。毛泽东在 1938 年

1

2

1_

1939 年，毛泽东与杨家岭农民亲切交谈

2_

陕甘宁边区政府主席林伯渠与副主席高自立调研市场

中共六届六中全会上明确地指出："普遍地深入地研究马克思列宁主义的理论任务，对于我们是一个亟待解决并须着重地致力于解决的大问题。"毛泽东曾对延安中央党校的学员说，延安窑洞里有马克思主义，能指挥全国革命，延安的窑洞是最革命的。马克思主义教条化的最主要表现是理论脱离实际，如张闻天所言："我们党内的很大弱点，即是还有很多同志善于背诵马列主义的教条，善于背诵上级党部的决议，善于根据自己主观的愿望而提出'包罗万象的工作计划'，或是善于纵谈自己经过的许多历史事实，善于夸张自己丰富的实际经验"。马克思主义教条化的典型表现形式就是拿着马克思主义理论和词句夸夸其谈，不解决实际问题，或在解决问题时不与中国实际情况相结合。为了从思想理论上彻底清算"左"倾教条主义的主观主义思想路线，深刻总结中国革命的历史经验，毛泽东来到陕北后，废寝忘食地学习和研究马克思主义，特别是马克思主义哲学。斯诺记录了毛泽东1936年学习哲学的情况："毛泽东是个认真研究哲学的人。我有一阵子每天晚上都去见他，向他采访共产党的党史，有一次一个客人带了几本哲学新书来给他，于是毛泽东就要求我改期再谈。他花了三四夜的功夫专心读了这几本书，在这期间，他似乎是什么都不管了。"他不仅精读了许多马克思主义哲学经典著作，而且定期组织并召开哲学座谈会，一般每周讨论一次，晚上七八点钟开始，持续到深夜十一二点钟。当时主要围绕军事辩证法问题讨论，每次讨论总是毛泽东提出一些问题，艾思奇、和培元等先讲，然后大家各抒己见。讨论时气氛很热烈，大家毫无拘束，畅所欲言。集体研讨的过程就是训练哲学思维的过程。这些哲学思维的精华全部凝结在毛泽东的著作中，特别是《实践论》和《矛盾论》（简称"两论"）中。"两论"原是毛泽东为延安抗日军政大学作哲学讲演用的《辩证法唯物论》讲授提纲中的一部分。在"两论"中，毛泽东运用马克思主义的立场、观点、方法，揭露了党内主观主义特别是教条主义的错误，从哲学上为把马克思主义与中国革命实际结合起来奠定了坚实的理论基础。1941年5

月，毛泽东在延安干部会上作了《改造我们的学习》的整风动员报告，大力提倡实事求是的科学态度，对实事求是作了完整科学的阐释，为这一中国古语赋予了马克思主义的新内涵。

中央领导同志十分重视干部教育和培训工作，亲自到抗日军政大学等学校为学员授课或作报告。毛泽东曾为抗大学员讲授《辩证唯物论》，后来出版发行的《实践论》《矛盾论》就是他讲课提纲的一部分。毛泽东讲课风趣生动、深入浅出，往往将深刻的哲学道理与活生生的具体实践结合起来讲，深受学员的欢迎。朱德、周恩来、陈云、李富春以及从前方回来的八路军副总司令彭德怀等中央领导同志都为大学的学员讲过课。著名的《论共产党员的修养》就是刘少奇为马列学院的学员所作的报告。中央领导同志还带头学习，毛泽东还亲自组织了一个哲学学习小组。那段时间，在杨家岭毛泽东办公的窑洞里，每个星期三的夜晚，毛泽东都和艾思奇、吴亮平等七八个人围坐在一起，学习哲学著作，探讨有关问题。在毛泽东的带领和指导下，很多机构都组织了学哲学小组，有的还成立了学习《资本论》小组。

1939 年 5 月，毛泽东在延安在职干部学习动员大会上号召要把全党变成一个大学校。全党同志研究学问。大家都要学到底，就要进这个无期大学。中央为此专门成立了总学习委员会。毛泽东担任主任，他号召大家要发扬攻读精神，在工作生产的百忙之中挤时间学习，钻进去研究。为了促进学习，中央干部教育部还拟定了学习计划，建立起了学习制度。规定延安的在职干部编班编组，坚持每天学习两个小时。全党的学习竞赛轰轰烈烈地开展起来。《联共（布）党史简明教程》《资本论》，艾思奇的《大众哲学》《思想方法论》，李达的《社会学大纲》，米丁的《辩证唯物论和历史唯物论》，等等都是人们学习的书籍。中央领导同志学习马列著作的热情很高，有时这些著作刚刚翻译出译稿，还没有送出版社印刷，毛泽东、陈云、李富春等领导同志就把译稿要去提前阅读。由于马列著作比较少，大家就相互传阅。现在还能在那时出版的一些马恩著作的扉页上看到很多同志的签名。

朱德在学习

当时大家很注意学习，凡是延安出版的马恩列斯著作，可以说是无一不读。专门设立“学习节”是中国共产党的一个创举。1940年5月5日是马克思诞辰纪念日，中央第一次设立的“学习节”就定在这个日子。早在两个多月前，中共中央就发布了《关于在职干部教育的指示》，定5月5日马克思生日为学习节。在此期间，各单位要总结全年的学习情况和经验并给予集体奖励。中央对延安的干部学习进行了总结评比，在延安机关评选出了9个模范学习小组。朱德被评为学习模范。此后，中央经常检查大家的学习情况，进行督促开展评比活动，各单位及同志之间还开展了学习竞赛，全党形成了学习马克思主义的热潮。重视学习和善于学习是党的优良传统。中共十七届四中全会提出的建设马克思主义学习型政党是党的优良传统在新时期的延续。

延安时期学习马克思主义哲学的历史经验在于：要用马克思主义理论解决中国革命的实际问题。《实践论》全面深入地阐述了实践第一的根本观点，揭示了马克思主义必须中国化的实践逻辑，奠定了马克思主义中国化的认识论基础，从而在哲学认识论上阐明了中国共产党人为什么要立足中国革命斗争实践，把马克思主义普遍原理与中国革命实际相结合，实现马克思主义中国化的道理，从实践与认识的关系角度揭示了马克思主义中国化的必然性。矛盾规律是唯物辩证法的实质和核心。

《矛盾论》运用唯物辩证法总结了中国革命斗争的实践经验，重点论述了矛盾普遍性和特殊性之辩证统一的关系，特别强调了矛盾的特殊性，揭示了马克思主义必须中国化的辩证逻辑。《矛盾论》是对唯物辩证法的对立统一规律的一次出色的“说明和发挥”。在这部著作中，毛泽东深刻阐明了中国革命的特殊性是马克思主义中国化的根本依据。中国特色社会主义进入新时代，习近平又在全国宣传思想工作会议上的讲话中指出，宣传思想工作就是要巩固马克思主义在意识形态领域的指导地位，巩固全党全国人民团结奋斗的共同思想基础。党员、干部要坚定马克思主义、共产主义信仰，脚踏实地为实现党在现阶段的基本纲领而不懈努力，扎扎实实做好每一项工作，取得“接力赛”中我们这一棒的优异成绩。2009年，习近平还曾讲过这样一个故事：“读马列、学毛著，要精，要原原本本地学、仔仔细细地读，下一番真功夫。1939年底，毛泽东同志在延安对一位进马列学院学习的同志说：‘马列主义的书要经常读。《共产党宣言》，我看了不下一百遍，遇到问题，我就翻阅马克思的《共产党宣言》，有时只阅读一两段，有时全篇都读，每读一次，我都有新的启发。我写《新民主主义论》时，《共产党宣言》就翻阅过多次。读马克思主义理论在于应用，要应用就要经常读，重点读。’”对于《共产党宣言》的重视，习近平在多个场合反复谈及，在他眼中，“马克思主义就是我们共产党人的‘真经’，‘真经’没念好，总想着‘西天取经’，就要贻误大事！”马列毛的著作没有过时，他们著作中最核心、最根本的东西永远不会过时，既是前无古人的，又有无限的生命力。例如马克思主义的哲学、政治经济学、科学社会主义，毛泽东《实践论》《矛盾论》中的基本观点和为人民服务的观点，永远不会过时，也是无法取代的。只要认真学习，联系实际科学运用，学得好、用得好，就能指导我们不断取得新的胜利。

五、艺术的灯塔：为人民放歌

1942年5月，在延安整风期间，毛泽东主持召开了延安文艺工作座谈会，并发表了影响深远的《在延安文艺座谈会上的讲话》。《在延安文艺座谈会上的讲话》是马列主义普遍真理与中国革命特殊实践相结合的划时代成果，是集中体现中国共产党文艺工作理论、方针、政策的第一个经典文献，对新民主主义文化革命与文艺建设事业产生了极其深远的影响。它强调党的文艺工作者必须从根本上解决立场、态度问题，要求文艺工作者深入广大工农兵群众中去，在长期的共同生活中，改造自己的思想感情，永葆人民性的特点，从而创作出人民群众喜闻乐见的代表无产阶级文艺方向的优秀作品。如果说广大知识分子把以延安为中心的陕甘宁边区看作抗战的灯塔的话，那么我们把毛泽东《在延安文艺座谈会上的讲话》喻为艺术的灯塔。这座灯塔的理论精髓是：为人民放歌。毛泽东《在延安文艺座谈会上的讲话》，紧密结合中国革命的实际，从马克思主义理论的高度系统总结了五四运动以来中国革命文艺运动的基本经验，鲜明地提出"我们的文学艺术都是为人民大众的，首先是为工农兵的"，从根本上回答了革命文艺的方向、道路等重大原则问题，科学、系统地阐述了中国共产党的文艺主张和文艺思想，确定了中国共产党领导文艺工作的基本理论、路线、方针。

为什么要召开延安文艺座谈会呢？在整风运动中，延安文艺界暴露出许多问题。据1942年的《党务广播》说："在延安集中了一大批文化人，脱离工作，脱离实际。加以国内政治环境的沉闷，物质条件困难的增长，某些文化人对革命认识的模糊观点，内奸破坏分子的暗中作祟，于是延安文化人中暴露出许多严重问题。"当时延安文艺界人士大多数是在全国抗战爆发后从上海等大城市来到延安的，他们满怀抗日救国热情，以美术、舞蹈、音乐、戏剧、小说等形式，热情讴歌抗日根据地的对敌斗争，创作

1

抗日的现实主义
革命的浪漫主义
毛泽东

2

1_

毛泽东和参加延安文艺座谈会人员合影

2_

毛泽东给鲁艺的题词

了一批优秀作品。但是，当时文艺界存在很多不可忽视的问题：一些人对同工农兵结合的思想准备不足，对群众缺乏了解，缺乏深厚的感情，轻视实践，脱离群众；一些人有较严重的唯心论、教条主义，满足于空想、空谈；一些人主张艺术脱离政治，艺术高于政治，作家可以不要马列主义的立场观点。这些问题不仅导致当时的部分文艺作品脱离群众、脱离根据地现实，而且引起文艺界内部的纷争和不团结，不能适应抗日民族统一战线的需要。为了纠正文艺界的各种非无产阶级思想，解决文艺为什么人服务的问题，中共中央决定在全党开展整风运动的形势下，召开一次文艺界的座谈会，通过深入讨论系统解决文艺界存在的问题，统一文艺界的思想认识。

杨家岭沟口被称为“飞机楼”的中共中央办公厅依山耸立、绿树环抱。在1942年的一个初夏，就在一楼这间不大的会议室里，一场文艺座谈会正在召开。1942年5月2日、16日和23日共举行了三次全体会议，100多位文艺界代表坐在长条板凳上静静地聆听着毛泽东讲话。在5月2日的第一次大会上，毛泽东发表《引言》；5月16日毛泽东与文艺界代表进行了一次深入的交谈；5月23日第三次大会上，毛泽东作了《结论》，《引言》和《结论》，合称《在延安文艺座谈会上的讲话》。《讲话》明确指出，“什么是我们的问题的中心呢？我以为，我们的问题基本上是一个为群众的问题和一个如何为群众的问题。”马克思主义唯物史观认为人民群众是历史的创造者，而我们党的全部工作包括文艺工作必须是一切为了群众，一切依靠群众，从群众中来，到群众中去，从人民群众的立场出发是文艺创作的出发点与落脚点。《讲话》结论中的第一个问题就是，我们的文艺是为了什么人的？随后毛泽东用列宁的话进行了回答，那就是“为了千千万万劳动人民服务”。 而什么是人民群众呢？毛泽东从当时的中国实际出发，振聋发聩地指出：“我们的文艺，第一是为工人的，这是领导革命的阶级。第二是为农民的，他们是革命中最广大最坚决的同盟军。第三是为武装起来了的工人农民即八路军、新四军和其他人民武装队伍的，这是革命战争的主力。第四是为城市小资产阶级劳动群众和知识分子的，他们也是革命的同盟者，他们是能够长期地和我们合作的。这四种人，就是中华民族的最大部分，就是最广大的人民大众。”这里的人民大众主要指的是工农兵。在毛泽东看来，我们的文艺必须是为人民大众的，首先是为工农兵的，这个问题不解决，其他许多问题也不容易解决。他希望文艺工作者积极投入整风运动，克服唯心论、教条主义、空想、空谈、轻视实践、脱离群众等缺点，创作出为人民大众欢迎的优秀作品。

在解决为人民群众的问题后，我们看如何为群众，这关涉到“普及”与“提高”的辩证关系问题。毛泽东指出：“只有从工农兵出发，我们对于普及和提高才能有正确的了解，也才能找到普及和提高的正确关系。”在当时历史条件下，广大工农兵特别是农民群众由于长期受着剥削阶级的统治，受着封建迷信、愚昧无知以及各种小生产者习惯势力的束缚，他们迫切要求文化上翻身，思想上解放，要求一个普遍的启蒙运动，要求得到所急需的容易接受的文化知识和文艺作品，去鼓舞革命热情和胜利信心，同心同德地跟敌人作斗争。因此，对于他们，首要的还不是“锦上添花”，而是“雪中送炭”，“普及工作的任务更为迫切”。但是，普及又需要指导，普及以后随之而来的就要求提高，而且还有“干部所需要的提高”；所以，在重视普及的同时，也不能忽视提高。由此，毛泽东提出了普及与提高的著名公式：“我们的提高，是在普及基础上的提高，我们的普及，是在提高指导下的普及。”从而澄清了过去莫衷一是的不少混乱看法。毛泽东又指出：“我们的文艺，既然基本上是为工农兵，那末所谓普及，也就是向工农兵普及，所谓提高，也就是从工农兵提高。”“不是把工农兵提到封建阶级、资产阶级、小资产阶级知识分子的‘高度’去，而是沿着工农兵自己前进的方向去提高。”这些透辟的一针见血的论述，不仅对于文艺工作，而且对其他许多工作都有重要的指导意义。从“为群众”和“如何为群众”这个根本问题出发，总结五四以来我国文艺运动的历史经验，明确地指出了文艺为人民大众首先为工农兵服务的方向，这是《讲话》在文艺史上的一个突出贡献。延安文艺座谈会和《讲话》，给广大文艺工作者指明了方向。按照《讲话》精神，他们深入农村、工厂、部队，坚持为人民大众、为工农兵服务的方向，开展了大规模群众性文艺活动，创作出一大批适应抗战需要、深受广大群众欢迎的优秀文艺作品，比如大型新歌剧《白毛女》，小说《小二黑结婚》《李有才板话》等。1943 年春节开始的延安新秧歌、秧歌剧运动，涌现了《兄妹开荒》《夫妻识字》，评剧《逼上梁山》和《三打祝家庄》等优秀作品。

延安文艺座谈会标志着文艺与工农兵群众相结合的新时期的开始。一种为人民群众服务的，来自民众，为民众所喜闻乐见的新文艺从此诞生，并深刻影响了中国现代文化的发展进程，开启了马克思主义文艺理论中国化和大众化的新方向。这个讲话的文本应该看作是毛泽东文艺思想的主要内容的系统表述。如同毛泽东思想是马克思主义的普遍真理和中国革命的实践相结合的产物一样，毛泽东文艺思想是马克思主义的文艺观和中国的文艺实际相结合的产物。《讲话》的最大意义是确立了为人民服务的文艺观，这个以人民为根本的文艺观，成为中国特色社会主义文化建设的根本原则和方向。这一点是我们今天的文艺事业仍然必须坚持的最根本的原则。这既是一个文化问题，也是一个社会问题。文艺的规律决定了只有最广泛地占有对人和生活的了解，才能带来艺术创造的巨大空间与丰富可能。今天的文艺要建设先进性、重视群众性，需要更加全面地贯彻“一切人”“一切材料”的群众观点。全面认识包括知识分子在内的“人民”范畴的新变化，让文艺全面反映最广大人民群众的精神诉求和进步社会理想，有助于增强社会的民主团结。习近平总书记在中国共产党第十九次全国代表大会上的报告中指出：“明确新时代我国社会主要矛盾是人民日益增长的美好生活需要和不平衡不充分的发展之间的矛盾，必须坚持以人民为中心的发展思想，不断促进人的全面发展、

毛泽东为师生作报告

全体人民共同富裕。”新的历史时期的“人民”范畴与毛泽东的“人民群众”概念相比较究竟发生了哪些变化？这还得从马克思关于“人”的相关论述说起。马克思所理解的“人”，既不是无人身的理性运动，也不是生物意义上的抽象的人，而是从事物质生产活动的现实的个人所生产的社会关系的总和。如果说抗战时期毛泽东所提到的“人民群众”主要从阶级角度指的是工农兵以满足抗战需要的话，那么新的历史时期“以人民为中心”的“人民”主要指的是拥护社会主义和祖国统一的劳动者和爱国者。这里的“人民”不是抽象的符号，而是一个一个具体的人，有血有肉，有情感，有爱恨，有梦想，也有内心的冲突和挣扎。不能以自己的个人感受代替人民的感受，而是要虚心向人民学习、向生活学习，从人民的伟大实践和丰富多彩的生活中汲取营养，不断进行生活和艺术的积累，不断进行美的发现和美的创造。

文艺源于生活，又高于生活。它是个人的思想感情与客观内容的完美结合。文艺必须反映客观生活，忠实于客观生活，这是一方面；另一方面，文艺对于生活的反映，又总是通过了一层作者思想和艺术的折光的，没有这层折光，便没有文艺作品的产生，这里就有了作者主观思想感情和对生活认识的问题。一个作品如果要激动人心，引起与读者感情上的强烈交流，先决条件是它所反映的生活不仅真实，而且确实使作者本身强烈地激动过。文艺作品中所反映的生活，总是经过文艺家心灵的浸润，饱含着作者的思想感情的；当然，文艺家的思想感情又必须寓于对生活本身的客观描绘之中，而且不应该是违背生活真理的偏见。离开了生活真实的那种感情宣泄，只会成为空洞叫喊，不会有艺术感染力；反过来，对于要反映的生活无动于衷、漠然处之，同样难以产生感人的作品。在这里，被反映的客观生活与反映者的主观思想之间的任何分割，都会背离文艺的规律。正是文艺的这种特点，不仅规定了文艺家思想感情的改造具有特殊重要的意义，而且也要求文艺家的思想改造必须遵循一条特定的途径——一条把思想改造跟获得创作源泉统一起来的途径。离开了这条特定的途径，就不可能培养出真正无产阶级的作家队伍。毛泽东的《讲话》就是从二者统一的要求来阐明问题的。他提出的文艺家与工农兵的结合，正是同时牵动革命文艺赖以产生的两方面条件的一条总纲，是解决文艺问题的总枢纽，它一方面关联着文艺家思想感情的改造，一方面又关联着文艺创作源泉的获得。由于这两方面是在同一过程中紧紧地结合着的，因此，思想感情的变化既不脱离活生生的现实而致架空，生活素材的获得也因饱含着作者感情而富于生命。《讲话》中所提出的文艺为什么人服务的问题和文艺作品源于现实等观点，让文艺创作建立在生活经验积累的基础上，不得脱离生活，这继承了马克思主义文艺观的思想。而提出中国的文艺是为人民大众服务的，从根本上剔除了文艺工作者的小资产阶级世界观，明晰了文艺创作者的立场和态度问题。毛泽东号召："中国的革命的文学家艺术家，有出息的文学家艺术家，必须到群众中去，必须长期地无条件地全心全意地到工农兵群众中去，到火热的斗争中去。"只有这样才可能积累文学和艺术的原始材料，进入创作过程。这些论断深刻揭示了文艺源于生活的创作理念。新时代的文学艺术创作同样源于不同角度对生活的解读，正如习近平总书记所强调的："人民是文艺创作的源头活水，一旦离开人民，文艺就会变成无根的浮萍、无病的呻吟、无魂的躯壳。"

六、革命的法宝：马克思主义中国化

延安时期，以毛泽东为代表的中国共产党人系统地学习马克思主义哲学及相关理论，把马克思主义理论与中国革命实践相结合，这不仅为创造性地解决中国革命过程中所遇到的各种各样的问题、纠正党内错误的思想路线提供了坚实的理论基础，而且开启了马克思主义中国化、大众化和时代化的先河。早在1930年5月，毛泽东为反对当时革命队伍里存在的教条主义思想写作了《反对本本主义》，提出要把马克思主义普遍原理与中国具体革命实际相结合。到延安后，毛泽东带头研究中国问题，试图探索一条适合中国国情的革命道路，实现马克思主义中国化。1937年，他在延安凤凰山麓写作了传世名篇《实践论》和《矛盾论》。这两部哲学著作继承和发展了马克思主义认识论和辩证法的根本原理，为共产党规定了正确的思想路线和工作方法，为认识世界和改造世界提供了锐利的思想武器。1938年毛泽东在延安窑洞中写作了《论持久战》，科学地揭示了抗日战争发展的规律和阐明了持久战的总方针，澄清了当时党内外在抗战问题上存在的疑虑与混乱思想，坚定了全国人民夺取抗日战争胜利的信心。《论持久战》一经问世便在国内外产生了巨大影响。同时，毛泽东还写作了《中国革命战争的战略问题》《战争和战略问题》《抗日游击战争的战略问题》等军事名篇。这些著作是运用马克思主义的辩证唯物主义和历史唯物主义从具体情况出发解决战争问题的光辉典范。1938年9月底至11月初，中国共产党在延安召开了六届六中全会，毛泽东针对党内严重存在着把“马克思主义教条化”的问题，提出了马克思主义中国化的命题：

马克思列宁主义的伟大力量，就在于它是和各个国家具体的革命实践相联系的。对于中国共产党说来，就是要学会把马克思列宁主义的理论应用于中国的具体的环境。成为伟大中华民族的一部分而和这个民族血肉相连的共产党员，离开中国特点来谈马克思主义，只是抽象的空洞的马克思主义。因此，使马克思主义在中国具体化，使之在其每一表现中带有必须有的中国的特性，即是说，按照中国的特点去应用它，成为全党亟待了解并亟须解决的问题。

作于1940年1月的《新民主主义论》，明确阐述了中国共产党的政治主张，深刻分析了中国的历史特点和时代变化，指明了中国革命的历史进程，阐明了新民主主义革命的时代特点和基本特征，制定了新民主主义革命的政治经济和文化纲领。这些著作从政治、经济、军事、文化、统一战线和党的建设各方面，系

1938 年 10 月毛泽东在中国共产党六届六中全会上作报告

统地总结了中国革命的经验，对中国革命的一系列根本问题作了全面科学的阐释，提出了一系列正确的思想观点和论断。这些著作的问世使毛泽东思想形成了系统的、科学的思想体系。《实践论》《矛盾论》《新民主主义论》这三部著作，标志着中国共产党人在马克思主义与中国革命具体实践相结合方面已经取得了重大成果，是中国共产党人把马克思主义理论与中国革命实践相结合的传世名作。

1943 年 8 月 2 日，周恩来在中共中央办公厅举办欢迎他回延安的晚宴上发表了长篇演说。关于如何对待毛泽东及其马克思主义中国化，他说：

过去一切反对过、怀疑过毛泽东同志领导或其意见的人，现在彻头彻尾地证明其为错误了。我们党二十二年的历史证明：毛泽东同志的意见，是贯穿着整个党的历史时期，发展成为一条马列主义中国化，也就是中国共产主义的路线！毛泽东同志的方向，就是中国共产党的方向！毛泽东同志的路线，就是中国的布尔塞维克的路线！

刘少奇代表中共中央在七大上作了《关于修改党章的报告》(1950 年 1 月改名为“《论党》”)，总结了 1943 年以来党内关于毛泽东思想与马克思主义中国化问题的理论探讨，全面系统地阐述了毛泽东思想。首先，回答了什么是毛泽东思想。

毛泽东思想，就是马克思列宁主义的理论与中国革命实践之统一的思想，就是中国的共产主义，中国的马克思主义。毛泽东思想就是马克思主义在目前时代的殖民地、半殖民地、半封建国家民族民主革命中的继续发展，就是马克思主义民族化的优秀典型。

其次，阐述毛泽东思想的形成与中国革命的关系。毛泽东思想是“从中国民族与中国人民长期革命斗争中，在中国伟大的三次革命战争——北伐战争、土地革命战争和现在的抗日战争中，生长和发展起来的”，即毛泽东思想是中国长期革命实践的产物。再次，阐释了毛泽东对马克思主义中国化的理论贡献。正如刘少奇所言：毛泽东“在理论上敢于进行大胆的创造，抛弃马克思主义理论中某些已经过时的、不适合于中国具体环境的个别原理和个别结论，代之以适合于中国历史环境的新原理和新结论，所以他能成功地进行马克思主义中国化这样艰巨的事业”。从 1938 年 10 月中共六届六中全会期间毛泽东提出马克思主义中国化命题，到中共七大把毛泽东思想作为中国共产党的指导思想，中国共产党实现了马克思主义中国化的努力目标，形成了中国本土的马克思主义理论体系——毛泽东思想。

毛泽东思想是中国共产党人把马克思主义基本原理同中国革命具体实际相结合的第一次伟大创造。正是这一伟大创造，历史性地解决了马克思主义如何接中国地气、成功地指导中国革命的问题。在毛泽东思想指引下，我们党团结带领人民浴血奋战，打败日本帝国主义，推翻国民党反动统治，完成新民主主义革命，建立中华人民共和国，中国人民从此站立起来。站起来的中华民族和中国人民在我们党团结带领下完成社会主义革命，确立社会主义基本制度，推进社会主义建设，完成了中华民族有史以来最广泛而深刻的社会变革，为当代中国一切发展进步奠定了根本政治前提和制度基础，实现了中华民族从东亚病夫到站起来的伟大飞跃。改革开放以来，党的全部理论和实践的主题是坚持和发展中国特色社会主义，但在不同发展阶段又具有不同理论内涵和呈现形式。在推进马克思主义中国化进程中，我们党不断探索回答什么是社会主义、怎样建设社会主义，建设什么样的党、怎样建设党，实现什么样的发展、怎样发展等重大问题。党的十八大以来，国内外形势变化和各项事业发展给我们党提出了一个重大时代课题，这就是必须从理论和实践结合上系统回答新时代坚持和发展什么样的中国特色社会主义、怎样坚持和发展中国特色社会主义。由于我国发展已经进入新的历史方位，在新的时代条件下坚持和发展中国特色社会主义面临诸多新形势、新任务和新要求。对我们党来说，坚持和发展什么样的中国特色社会主义、怎样坚持和发展中国特色社会主义并没有现成的答案，而是需要在开创性实践的基础上进行艰辛的实践探索和科学的理论概括，不断谱写新时代坚持和发展中国特色社会主义新篇章。习近平新时代中国特色社会主义思想正是在系统而深入地回答重大时代课题中推动马克思主义中国化深入发展,取得了一系列重大理论创新成果。党的十八大以来，中国特色社会主义进入了新时代。以习近平同志为核心的党中央紧密结合新的时代条件和实践要求，以全新的视野深化对共产党执政规律、社会主义建设规律、人类社会发展规律的认识，进行艰辛理论探索，取得重大理论创新成果。习近平新时代中国特色社会主义思想对马克思主义在 21 世纪的发展作出了重大原创性贡献，是马克思主义中国化最新成果，是当代中国马克思主义、21 世纪马克思主义，是党和国家必须长期坚持的指导思想。

七、信仰的力量：延安精神普照大地

延安时期马列著作的翻译与出版的“宝贵遗产”最后熔铸为以“坚定正确的政治方向，解放思想、实事求是的思想路线，全心全意为人民服务的根本宗旨，自力更生、艰苦奋斗的创业精神”为核心内容的延安精神。它不仅是中国共产党领导中国人民进行革命、建设和改革近百年历史的精神谱系的重要组成部分，而且是中国共产党人在未来奋斗中取之不竭、用之不尽的强大精神动力。2020 年 4 月，习近平总书记在陕西考察时指出：“延安精神培育了一代代中国共产党人，是我们党的宝贵精神财富。要坚持不懈用延安精神教育广大党员、干部，用以滋养初心、淬炼灵魂，从中汲取信仰的力量、查找党性的差距、校准前进的方向。”延安精神蕴含着中国共产党人对马克思主义和共产主义的坚定信仰。延安时期，为什么成千上万的进步青年冒着生命危险奔赴延安？为什么贫瘠落后的延安洋溢着昂扬向上的革命斗志？斯诺曾写道，这是因为“在那些献身于他们认为完全正义的事业的人们身上……充满活力的希望、热情和人类不可战胜的力量”。这就是信仰的力量！依靠坚不可摧的理想信念，我们党在艰难困苦的环境中，克服了各种危机挑战，创造出彪炳史册的历史伟绩，铸就了伟大的延安精神。“到延安去！”一时成为那个时代青年发自肺腑的呼唤和强烈的愿望。面对此情此景，印度援华医生柯棣华写道：“信仰的力量是巨大的，在黑暗的岁月里生活的中国人，特别是青年，终于从共产党人身上找到了希望，看到了光明。”革命理想高于天。中国共产党从成立之日起就把共产主义确立为远大理想。中国共产党之所以能够经受一次次挫折而又一次次奋起，归根到底是因为我们党有远大理想和崇高追求。正如习近平总书记指出的，对马克思主义的信仰，对社会主义和共产主义的信念，是共产党人的政治灵魂，是共产党人经受住任何考验的精神支柱。为什么如此众多的专家学者、文艺青年，离开大城市跑到小山沟，不住楼房住土窑，不走柏油路喜欢爬陡坡，脱掉高跟鞋绑上麻草鞋，甚至走出课堂冲进战壕？这是因为理想、信念和意志给了他们力量。正像“狂飙诗人”柯仲平回答的：“青年，中国青年！延安吃的小米饭，延安穿的麻草鞋，为什么你爱延安？”“我们不怕走烂脚底板，也不怕路遇‘九妖十八怪’，只怕吃不上延安的小米，不能到前方抗战；只怕取不上延安的经典，不能变成最革命的青年！”

延安精神是以毛泽东为主要代表的中国共产党人，在延安时期为争取民族独立和人民解放事业的伟大斗争实践中，培养、形成和发展起来的理想追求、精神风貌、思想品德、工作作风。延安精神的丰富内涵包括：

第一，坚持正确的政治方向，就是把马克思主义与中国革命的具体实际相结合的马克思主义中国化的正确方向；就是我党所指定的反帝反封建的新民主主义革命总路线指引的方向；就是把革命的最高纲领与最低纲领统一起来的、肩负领导争取民族独立和社会解放神圣使命的政治方向。政治方向是什么？政治方向就是指导中国革命的行动指南。毛泽东讲过：“政治路线确定以后，干部就是决定因素。”在延安这座革命的大熔炉里，党始终把坚定正确的政治方向放在第一位，把成千上万的革命青年培养成了坚定的革命战士。我们党的一大批干部在延安经过学习马克思列宁主义、毛泽东思想和各种文化知识，提高了理论素养，树立起科学的世界观、人生观、价值观，增强了为人民服务的能力和本领，成为中国革命和建设事业的中坚力量。毛泽东讲过，要坚定正确的政治方向。邓小平也指出，到什么时候都得讲政治。习近平总书记强调，必须把政治方向摆在第一位，牢牢坚持党性原则。纵观中国共产党的发展历程，反思苏共亡党的沉痛教训，都能从政治方向、政治信念中找到答案。

第二，坚持解放思想、实事求是的思想路线。实事求是是一种探求生活本真、追求真理的科学精神和实践精神，主张解放思想，理论联系实际，在实践中发现规律，并用规律指导新的实践，推动事物创新发展。当前，我国正处在全面建成小康社会的决胜期，全面深化改革、转变经济发展方式的关键阶段，国内外环境错综复杂。因此，既要明确客观实际中的“实事”，也要以实践为基础，探索“求是”的过程，逐渐认识和改造世界。调查研究是谋事之基、成事之道，要全面开展好调研工作，掌握工作进展情况和实际存在的问题；坚持全心全意为人民服务的宗旨，深入群众，倾听群众心声，让制定的工作政策符合群众要求。同时，领导干部要以身作则，率先垂范，做勤政廉政的“带头人”。

第三，全心全意为人民服务的宗旨。这是由我们党的无产阶级先锋队性质所决定的。无产阶级代表着先进的生产力与生产关系，是全体人民利益的代言人。早在革命时期，以毛泽东为代表的党中央就提出了党的群众路线理论，即坚持“一切为了群众，一切依靠群众，从群众中来，到群众中去”。

第四，自力更生、艰苦奋斗的创业精神。延安精神的特征是自力更生、艰苦奋斗。这是中国人民自强不息的精神品格，展示了奋斗过程中的艰苦朴素情怀，是行动艰苦和精神乐观的有机结合。正是因为中国共产党全面弘扬了自力更生、艰苦奋斗的精神，才为革命成功提供了源源不断的物质力量和精神支撑。其中，自力更生展现的是创新精神，需要主体不断开展自我更新与进化；艰苦奋斗倡导节俭生活、奋勇向前的工作作风，是我们党实现自力更生的状态和生活方式。英国记者斯特朗在延安访问了毛泽东、朱德等领导人后深有感触地说:“党的负责干部,住着寒冷的窑洞，凭借微弱的灯光，长时间的工作，那里没有讲究的陈设，很少物质享受，但是有着头脑敏锐、思想深刻和具有世界眼光的人。”为了节约灯油，每考虑问题时，就把灯头拧小，挥笔写作时，再拧大一点 。就是在这小油灯下，毛泽东写出了卷卷雄文，指引着中国革命的航程。这种精神，美国记者斯诺说它是“人类历史本身丰富而灿烂的精华”。

延安精神是一种时代精神。它属于过去、现在和未来。它像一颗耀眼的星星照亮着中国大地，使这种精神世代相传。记得新中国成立后那枣园的灯光、南泥湾的大生产，曾激荡过无数的知识分子、有识青年的心。他们奔赴延安，向着心中的圣地，他们捧起延安的泥土、延河的水，心中一片深情、一片圣洁。“祖国啊！就剩下这一片干净土地了。”那是一个怎样的年代？一个革命理想高扬、革命激情燃烧的年代。尽管延安和陕甘宁边区的物质条件是那样的艰苦和匮乏，但到处能听到革命战士嘹亮的歌声，到处都看到他们欢快的笑脸。在这块土地上，人们的理想和信念是实现社会主义和共产主义。理想信念是中国共产党人的精神之“钙”。老一辈无产阶级革命家、志士仁人投身革命，奉献热血青春乃至生命，都是为了救国救民，为全国人民谋幸福。坚定理想信念，要将理想信念教育摆在首位。理想信念是战胜一切困难、经受各种诱惑与考验的精神支柱。当年，共产党人在延安那样的艰苦环境下，战胜艰难险阻，创造丰功伟绩，靠的就是心中坚守的马克思主义信仰和共产主义理想。习近平总书记在梁家河村插队的七年里，先后写了八次入团申请、十次入党申请，才最终被批准入团、入党，支撑他的正是坚定的理想信念。要让广大党员干部坚定理想信念，必须开展常态化教育培训，让他们全面把握历史发展规律和现阶段我国基本国情，深刻理解和运用党的理论创新成果尤其是习近平新时代中国特色社会主义思想；始终倡导用延安精神固本强基，教育党员干部牢固树立“四个意识”，增强“四个自信”，在政治上、思想上、组织上同以习近平同志为核心的党中央保持高度一致，始终坚持党的基本路线不动摇，做到公私分明、大公无私、廉洁守法、以民为先，争当模范典型，以实际行动践行对党的忠诚。

面对新的形势和任务，我们要自觉从延安精神中汲取智慧和力量，对标对表、深入践行习近平总书记在梁家河村插队期间展现出来的矢志不渝的信念、真挚为民的情怀、务实担当的品格、带头实干的作风，树牢“四个意识”，坚定“四个自信”，始终把坚定正确的政治方向摆在第一位，始终坚持创新、协调、绿色、开放、共享的发展理念，始终牢记全心全意为人民服务的根本宗旨，始终保持自力更生、艰苦奋斗的创业激情，走好新时代的长征路，奋力谱写中国特色社会主义新篇章。延安精神是中国共产党的传家宝，是中华民族宝贵的精神财富。因此延安精神现已成为一个专属名词，不能用什么时期来界定。

汲取信仰的力量。习近平总书记指出："我们共产党人的根本，就是对马克思主义的信仰，对共产主义和社会主义的信念，对党和人民的忠诚。"党员、干部弘扬延安精神，就要不断坚定马克思主义信仰和共产主义理想。

一是加强理论武装、夯实思想基础。延安时期，我们用毛泽东思想武装全党，为革命胜利提供了重要保证。今天，我们要用习近平新时代中国特色社会主义思想这一当代中国马克思主义、21 世纪马克思主义武装头脑、指导实践、推动工作。二是不忘根本宗旨、担当为民之责。延安时期，毛泽东阐明了全心全意为人民服务的根本宗旨，指出了"从群众中来，到群众中去"的基本的领导方法。延安精神中所蕴含的立党为公、执政为民和全心全意为人民服务的根本宗旨，培育了一代代中国共产党人。新时代，党员、干部要坚持以人民为中心的发展思想，始终把人民放在心中最高位置。延安在革命战争年代曾是中国共产党的指挥中枢和战略后方，中国共产党在这里运筹帷幄，作出了关系中国革命前途命运的一系列重大决策，为夺取全国政权奠定了坚实基础；这里孕育了伟大的延安精神。

八、结语

马克思主义自诞生以来，就把人类解放作为自己的奋斗目标，中国共产党自从诞生之日起，就坚持把马克思主义的普遍原理与中国革命的具体实际相结合，延安时期是践行这一结合的重要历史阶段，延安时期马克思主义理论经典文献的编译构成了这一努力的关键环节。正是在形势极为严峻、物质条件极为困难的情形下，中国共产党人开展了大规模、有计划、有组织的编译与宣传工作，在一个逼仄的有形空间撑开了一个广阔的理论空间，为后来的革命和建设工作打下了坚实的理论基础。习近平总书记强调："不了解、不熟悉马克思主义基本原理，就不可能真正了解和掌握中国特色社会主义理论体系。"在马克思主义理论的指引下，中国共产党人高举人类解放的大旗，以人民为中心，以人类命运共同体为实践指向，朝着人类美好生活的未来努力奋进。重温延安时期马克思主义理论经典文献编译的历史，既能够从根源上呈现马克思主义理论活的中国品性，也能为当前发展命运与共的共同体提供历史智慧。

后记

张兵

本书是研党团队分工协作、集体智慧的结晶。导论、第一章由张兵（哲学博士、教授）撰写，第二章、第三章由张兵、龚海婷（硕士在读）合作撰写，第四章由李娟仙（法学博士、讲师）撰写，第五章由雪婷（哲学博士、副教授）撰写。

在撰写过程中我们参阅和吸纳了学界许多研究成果，谨此说明并致谢忱。同时还得到了陕西师范大学马克思主义学院、陕西人民出版社相关领导的大力支持，陕西人民出版社的编辑从本书的策划到送审、出版都付出了巨大辛劳，谨向他们致以诚挚的感谢。需要特别指出的，本书的编写只是一个尝试，虽然各位编撰者在有限的时间内尽力而为，但从内容到形式难免有许多疏漏和不妥之处，诚望学界同仁和读者批评指正。

2024 年 10 月于陕西师范大学